rudolf kallinger

sauerteig

VOM ZAUBER DES EINFACHEN

braumüller

INHALT

Das Theoretische zuletzt

Man muss die Dinge so einfach wie möglich machen. Aber nicht einfacher.

Albert Einstein

Vorwort: Einfachheit

Für mich ist es immer wieder ein Wunder, dass nur aus Mehl, Wasser und Salz etwas derartig Duftendes und Schmackhaftes wie ein Sauerteigbrot entstehen kann. Im Laufe einiger Jahre hat sich das Backen von reinen Sauerteigbroten ohne Hefe zu meiner Leidenschaft entwickelt. Brotbacken ist für mich die reinste Freude, vom Ansetzen des Teiges bis hin zum Verkosten des frischen Brotes.

Da ich berufstätig bin, beschränkte sich meine Backtätigkeit zunächst auf die Wochenenden, denn so gut wie alle Rezepte beanspruchten sehr viel Zeit am Stück. Allmählich entwickelte ich ein Brotbackverfahren, das sich auch in eine volle Arbeitswoche integrieren lässt: Ich verkürzte Knetzeiten und verrührte den Teig nur mehr mit der Gabel. Auch Arbeitsschritte wie Stück- und Stockgare oder das Falten des

Teigs in 30-Minuten-Abständen ließ ich weg. Meine vielen Experimente veranschaulichten mir, dass das Backen von reinen Sauerteigbroten viel einfacher und unkomplizierter funktioniert, als man gemeinhin glaubt. Mit der Zeit ging ich dazu über, meine Brote in Töpfen oder Kastenformen zu backen, da dies viele Vorteile mit sich bringt, die im Verlauf dieses Buches erläutert werden.

Zusätzlich befasste ich mich intensiv mit dem Wesen des Sauerteigs. Mir wurde klar: Je besser ich das Ökosystem Sauerteig verstehe, desto einfacher wird das Brotbacken. Denn die Mikroorganismen des Sauerteigs stemmen den Teig in die Höhe, machen die Löcher in das Brot und sorgen für den feinen Sauerteiggeschmack. Damit ein Brot gelingt, benötigt es die fein abgestimmte Zusammenarbeit der verschiedenen Milchsäurebakterien und Hefen. Durch das Verständnis der Mikroorganismen kann Backen zudem sehr flexibel gestaltet werden, und fixe Zeitangaben werden zur Nebensache. Das Heer der Mikroorganismen nenne ich das **„Brotbackteam“.**

Alle Rezepte sind mit einer Schritt-für-Schritt-Anleitung und Bildern nachvollziehbar aufbereitet. In diesem Buch stelle ich zahlreiche einfache, selbst entwickelte Rezepte für reine Sauerteigbrote vor, die sich auch neben einem vollen Arbeitstag wirklich leicht backen lassen.

Sauerteigbrote brauchen Zeit, aber kaum meine eigene Arbeitszeit. Ein deftiges Roggensauerteigbrot benötigt circa zehn Stunden, wobei sich mein Aufwand, dank der Mikroorganismen, auf gut fünf Minuten beschränkt.

Um gutes Brot zu backen, braucht es nur **(1)** Mehl, Wasser und Salz.

Verbindet man diese Zutaten auf die richtige Weise, so ist das Ergebnis
(2) ein dunkles Roggenvollkornbrot oder
(3) ein helles Dinkelbrot.

Meine Brotbackphilosophie: die „Fast-nichts-Tun" Methode

Vom richtigen Zeitpunkt

Mein Zugang zum Brotbacken erinnert an die „Nichts-Tun-Landwirtschaft" von Masanobu Fukuoka. Fukuoka war Mikrobiologe, Philosoph und höchst erfolgreicher Landwirt. Seine Grundprinzipien der Landwirtschaft basieren auf dem Gedanken, dass aus weniger mehr wird. Das heißt nicht, dass weniger mehr ist, sondern, dass aus weniger *mehr werden* kann. Dies veranschaulichte er anhand ganz simpler, praktischer Beispiele. Er verzichtete etwa auf das Pflügen der Felder und setzte keine Insektizide ein, versuchte aber, das Wenige zur richtigen Zeit zu tun, wodurch sich seine Erträge sogar vergrößerten. Die Voraussetzung dafür ist eine Kombination von Beobachtung und Experimenten anstatt frühzeitiger Intervention, um auf natürliche Weise ein ökologisches Gleichgewicht zu erhalten.

Tun & Sein

Damit er sich wohlfühlt, benötigt ein Sauerteig im Grunde nur zwei essenzielle Dinge: genügend Nahrung und ein angenehmes Klima. Ist das gegeben, kann man sich ans Brotbacken mit reinem Sauerteig heranwagen.
Meine Brotbackweise ist äußerst einfach, erfordert nur wenige Handgriffe und kaum

Techniken. Die Philosophie dahinter stammt aus der Praxis: Sie ist das Ergebnis von jahrelangem Experimentieren und Beobachten. Ich habe viele Male zwei Brote auf einmal gebacken: eines, das ich ganz klassisch nach genauesten Vorgaben zubereitete, und ein zweites, bei dem ich jeweils bestimmte Schritte, wie z. B. Stück- und Stockgare, wegließ.

Wir sind fast schon darauf konditioniert, mit Techniken ans Werk zu gehen, ohne die natürlichen Vorgänge an sich eingehend und mit Ruhe zu betrachten. Von dieser Haltung des Tuns und Planens bleibt auch das Brotbacken nicht verschont. Ich habe unzählige Brotbackbücher, in denen das Brotbacken einem genauen Zeitplan sowie exakten Temperaturangaben unterliegt, studiert und experimentell überprüft, bis ich mir endlich die naheliegendste Frage stellte:

Was passiert, wenn ich das alles nicht mache?

Auf die Landwirtschaft bezogen stellte sich Fukuoka ähnliche Fragen: „Wie wäre es, dies nicht zu tun? Warum nicht jenes unterlassen? Was geschieht im Boden, wenn wir ihn pflügen, und wie verhält er sich, wenn wir es nicht tun?“ Ähnlich beim Brotbacken: Zahlreiche Techniken wie langes Kneten, Falten und Dehnen greifen in einem ganz wörtlichen Sinn in einen Prozess ein und drücken diesem unseren Stempel auf. Das kann unter Umständen wichtig sein. Aber das muss es nicht unbedingt. Genau das wollte ich herausfinden: Muss man wirklich dieses und jenes tun, damit ein Brot gelingt und gut schmeckt?

Greifen wir in einen Prozess ein, dann überdecken wir ein Geschehen, das sich ohne uns vollziehen würde, wenn wir die Intervention unterließen. Wir verdecken also die

Möglichkeiten der sich selbst entfaltenden Natur! Wenn wir jemandem immer alles abnehmen, so zeigt sich nicht, was unser Gegenüber ohne unser Zutun vollbringen könnte. Durch Weglassen von Eingriffen wird etwas sichtbar. Aber dafür benötigt es die einfache Kunst des „Lassens“.

Vom Lassen-Können

Sind Arbeitsabläufe eingespielt, so werden diese meist kaum mehr hinterfragt. Ein Teig entfaltet aber auch dann eine feine Krumenstruktur und ein intensives Aroma, wenn er nicht geknetet oder zigmal in geregelten Zeitabständen gedehnt und gefaltet wird, und selbst dann noch, wenn verschiedene Garen weggelassen werden. Als Gare wird grundsätzlich jene Zeit beim Backen bezeichnet, in der der Teig ruht.

Es geht mir nicht darum, das Eingreifen generell zu unterlassen, sondern es auf das Notwendigste zu reduzieren und der natürlichen Entwicklung ihren Lauf zu lassen. Aber um zu erkennen, was das bedeutet, muss man sich zuerst auf das Weglassen „einlassen“ und „verlassen“. Beim Lassen geht es unweigerlich um Vertrauen.

Das trifft auch beim Brotbacken zu: Viele sagen, dass sie mit Sauerteig backen, können es aber doch nicht lassen, zusätzlich Hefe hinzuzugeben. Sauerteig birgt für viele das Restrisiko, nicht aufzugehen. Die Hefewürfel sind genormt und gelten als Rückversicherung gegen den unberechenbaren Gesellen Sauerteig. Doch hier haben zahlreiche Experimente gezeigt, dass ein Sauerteig auch ohne zugesetzte Hefe sein Werk vollbringt.

Weder exakte Temperatur, Mehl- und Wassermengen noch die genaue Wärme des Schüttwassers sind ein absolutes Muss. Ein Zen-Meister wurde einmal gefragt, was denn die Quintessenz des Zen sei. Er antwortete sehr schlicht: „Nimm das Leben ernst, aber ja nicht zu ernst!“ Dieser Satz kann so manches wieder in die Mitte und zurechtrücken.

Nimm Rezepte, Maßeinheiten und Temperaturen genau, aber ja nicht zu genau!

Natürlich ist es als Anfängerin oder Anfänger sehr hilfreich, Rezepte zu verwenden, damit das Brot gelingt. Rezepte mit all ihren Angaben von Mehl, Wassermengen, Temperatur und Gehzeiten bis zu Abfolgen und Zwischenschritten sind jedoch Richtlinien und keine Gesetze. Es sind Ausrichtungen mit einem großen Spielraum, der sich mit der Erfahrung zu erweitern beginnt. Rezepte gleichen mehr

einer Wanderkarte, die man anfangs benötigt. Mit der Zeit, wenn man einen Weg schon öfters gegangen ist, kommt man auch ohne sie zurecht. Erst dann kann man sich so richtig auf die Natur und deren Schauspiel einlassen und sie beobachten.

Die Gabe der Beobachtung

Lebendiges lernt man kennen, wenn man ihm die ganze Aufmerksamkeit widmet und es achtsam betrachtet und behandelt. Auf dem Bild unten links sieht man an der Oberfläche eines Brots breite Risse, die an eine Kraterlandschaft erinnern, feine Löcher und eine sich nach oben wölbende Kuppel. Kurze Zeit und wenige Handgriffe später ist daraus ein herrlich duftendes, flaumig weiches, von Löchern durchzogenes Brot mit rescher Kruste entstanden (Bild unten rechts).

Alles dient dem Praktischen

Meine Philosophie ist aber nicht nur bloße Theorie, sondern ganz im Gegenteil, sie hat in erster Linie praktischen Nutzen. Studiert man das Ökosystem Sauerteig mit seiner Lebensweise, seinen Eigenheiten, Vorlieben und Abneigungen, so kommt uns das beim Backen selbst und beim Geschmack des Brotes zugute.

Ob ein Sauerteig nun etwa sechs oder zwanzig Stunden geht, hängt von vielen Variablen ab, die einem, wenn man sie ein wenig kennt, ein völlig flexibles Brotbacken erlauben, das sich ganz den Gegebenheiten anpasst.

Die **eigene Tätigkeit** beim Backen mit Sauerteig ist minimal: Den Teig füttern, wenn er Nahrung braucht, und zur richtigen Zeit mit der Gabel verrühren oder in einen Kasten geben. Wenn ich gefragt werde, ob ich das gute Brot selbst gebacken habe, dann antworte ich scherzhaft und doch völlig ernst: „Ja, ich habe ein wenig mitgeholfen, aber die wirkliche Arbeit hat mein Brotbackteam, das eingespielte Team der Mikroorganismen, für mich erledigt."

Die **eigentliche Arbeit** beim Backen von Sauerteigbroten wird von Mikroorganismen ausgeführt, die emsig alles erledigen, wenn wir für gute Arbeitsbedingungen wie genügend Zeit, angenehme Temperaturen und vor allem anständige Nahrung sorgen. Wer arbeitet nicht lieber, wenn er gut behandelt wird?

Diese Philosophie spiegelt sich in jedem meiner Rezepte in den Überschriften:

Gesamtarbeitszeit	
Meine Arbeitsschritte	Brotbackteam bei der Arbeit

Das Praktische zuerst

Meine Fünf-Minuten-Backmethode auf einen Blick

Sich meinen Prozess des Backens auf einen Blick zu veranschaulichen, verdeutlicht einerseits, wie gering der eigene Arbeitsaufwand ist, und andererseits, wie flexibel sich das Backen gestalten kann. Da bei meiner Backmethode verschiedene Garen und Zwischenschritte wegfallen, bleiben nur drei Arbeitsschritte übrig:

Sauerteig ansetzen und verrühren

Dazu Anstellgut (siehe S. 38) mit Mehl und Wasser kurz verrühren und circa 8–12 Stunden reifen lassen.

Sauerteig und Hauptteig verrühren

Kastenbrote: Hauptteig nach dem Verrühren gleich in den Kasten füllen und aufgehen lassen.
Topfbrote: Hauptteig nach dem Verrühren kurz formen und in einem Simperl aufgehen lassen.

Den Teig in den vorgeheizten Ofen geben und backen

Kastenbrote: Das aufgegangene Brot in den vorgeheizten Ofen schieben. Etwas Wasser auf den Ofenboden schütten und nach ein paar Minuten die Ofentür öffnen und den Restdampf ablassen. Dieser Vorgang wird als „Schwaden" bezeichnet.
Topfbrote: Topf und Deckel mit vorheizen, und den Teig direkt aus dem Simperl in den heißen Topf kippen. Topf mit Deckel in den Ofen stellen und backen.
Nach halber Backzeit werden Topf- und Kastenbrote aus ihren Formen genommen und freischwebend, d. h. ohne Kasten oder Topf, fertiggebacken.

Unter **Meine Arbeitsschritte** ist die reine Arbeitszeit zu verstehen. Mit dem **Brotbackteam bei der Arbeit** sind die Aktivitäten der Mikroorganismen gemeint, die beim Backen die meiste Arbeit verrichten. Die **Gehzeiten** von 8–12 Stunden sind Richtwerte. Ist es im Zimmer sehr warm, reichen sogar nur gut 4 Stunden, ist es hingegen eher kühl, kann der Teig auch länger als 12 Stunden gehen. Zudem entscheidet über die Dauer der Gehzeiten unter anderem die Menge des Anstellguts. Nimmt man sehr wenig Anstellgut, etwa 10 g, so kann der Sauerteig gut 20 Stunden aufgehen. Über Gehzeiten und Temperatur lässt sich bei Sauerteigbroten auch sehr gut der Geschmack zwischen mild und säuerlich steuern. Zu diesem Themenbereich findet sich Genaueres im Kapitel „Flexibles Brotbacken" (siehe S. 61). Bei Zimmertemperatur reift der Sauerteig etwa 8 Stunden.

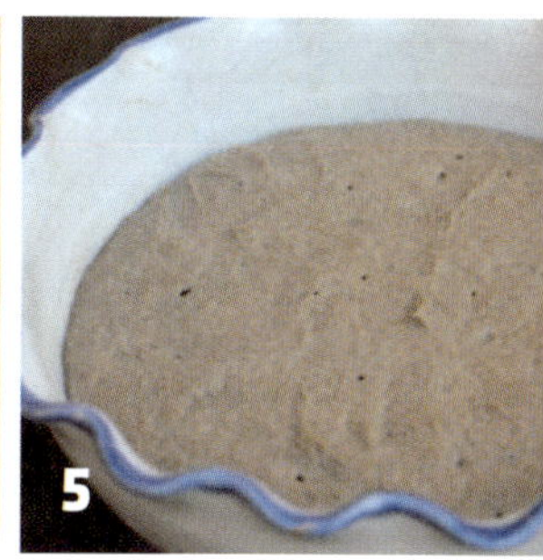

Sauerteig ansetzen und verrühren

(1) Anstellgut aus dem Kühlschrank nehmen.
(2) Davon einen großen Löffel herausnehmen und in eine Schüssel geben.
(3) Wasser und Mehl zugeben und verrühren,
(4) bis keine Mehlreste mehr sichtbar sind.
(5) Abdecken und aufgehen lassen.

Gesamtarbeitszeit

(Vom Sauerteig bis zum fertigen Brot)

	Meine Arbeitsschritte	**„Brotbackteam" bei der Arbeit**
Sauerteig	mischen & verrühren ca. 1–2 Min.	aufgehen lassen ca. 8–12 h
Hauptteig	verrühren & formen ca. 3–6 Min.	aufgehen lassen ca. 2 h
Backen	ab in den Ofen ca. 1–2 Min.	backen ca. 50–60 Min.
Gesamtzeit	**ca. 5–10 Min.**	**ca. 10–14 h**

Sauerteig und Hauptteig verrühren

(6) Den Sauerteig mit Mehl und Wasser verrühren,
(7) bis keine Mehlreste mehr sichtbar sind.
(8) Den Teig auf die Arbeitsfläche kippen und alles sehr gut einmehlen!

(9) Den Teig schonend und ganz kurz formen.
(10) Den Teigling nehmen und in ein gut bemehltes Simperl legen.
(11) Abdecken und aufgehen lassen.

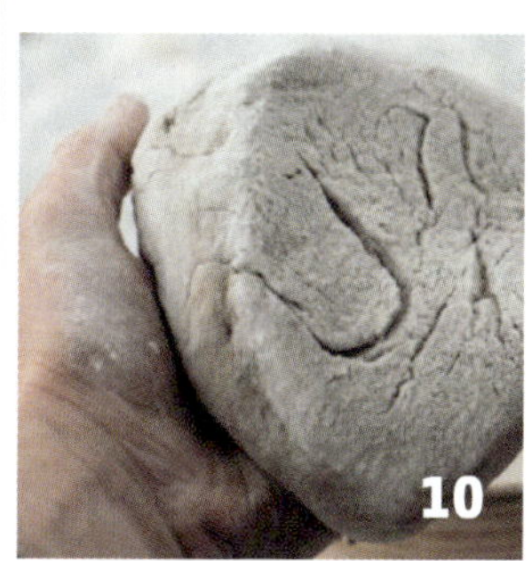

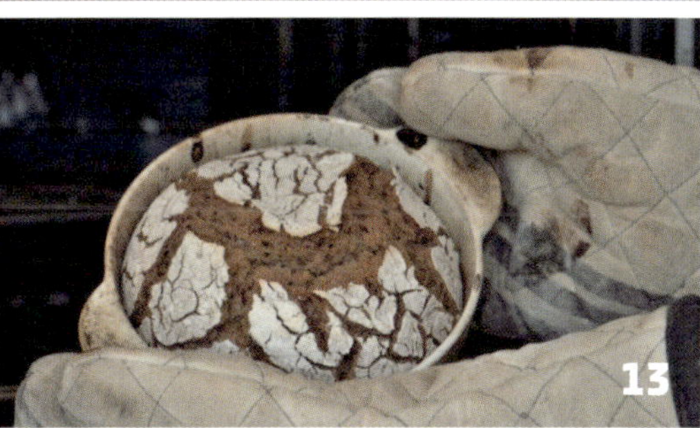

Den Teig in den vorgeheizten Ofen geben und backen

(12) Den aufgegangenen Teig in einen heißen Topf kippen und in den vorgeheizten Ofen stellen.
(13) Bei halber Backzeit aus dem Topf nehmen und
(14) freischwebend fertigbacken.

Die Grundausrüstung

Zum Brotbacken benötigt man: einen Ofen, eine Waage, hitzebeständige Handschuhe, Teigkarten, Schüsseln zum Verrühren des Teigs, Simperl, Kastenformen und Töpfe in verschiedenen Größen.

Ofen:

Immer wieder wird angenommen, dass ich über einen Spezialbrotbackofen verfüge. Dabei backe ich fast alle meine Brote in einem ganz gewöhnlichen und günstigen Herd ohne Dampffunktionen und dergleichen. Bei Öfen ist zu beachten, dass sie trotz einheitlicher Temperaturangabe unterschiedlich gut aufheizen, weswegen die Backzeiten an den eigenen Herd angepasst werden sollten.

Waage:

Eine Waage ist natürlich von zentraler Bedeutung, aber wie in diesem Buch deutlich wird, kommt es auf ein paar Gramm auf oder ab keineswegs an.

Ofenfeste Handschuhe:

Bei ofenfesten Handschuhen sollte man darauf achten, dass sie über das Handgelenk reichen. Ich spreche aus Erfahrung. Denn bevor ich mir passende Ofenhandschuhe besorgt habe, bin ich beim Rein- und Rausgeben eines Brots häufig mit den Armen am Herd gestreift.

Teigkarten:

Sie sind nicht zu entbehren. Man braucht sie für das Formen und Glattstreichen des Teigs.

Schüsseln:

Ideal sind Schüsseln mit einem Deckel, da die Teige oft 10 Stunden oder länger stehen. Ein Geschirrtuch reicht zum Abdecken nicht, der Teig trocknet an der Oberfläche an.

Simperl oder Gärkorb:

Für Topfbrote benötigt man ein sogenanntes Simperl (auch Gärkorb genannt). Die meisten Gärkörbe sind aus Peddigrohr. Am besten eignen sich allerdings jene aus Holzschliff, da der Teig nicht kleben bleibt.

Tipp

Wer kein Simperl hat, kann ohne Weiteres eine kleine, passende Schüssel oder einen Korb mit einem eingemehlten Geschirrtuch oder noch besser mit einem Leinentuch auslegen und den Teigling darin reifen lassen.

Ganz wichtig:
Leinen- oder Geschirrtuch sehr gut einmehlen, damit der Teigling nicht am Tuch kleben bleibt, wenn man ihn herausstülpt.

5
1
2
3
4

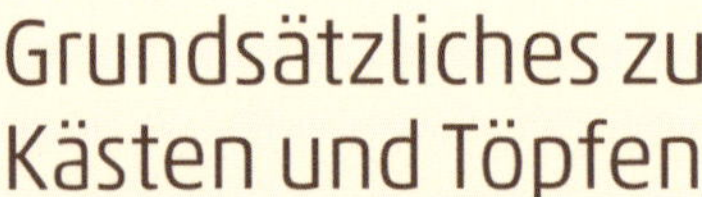

Grundsätzliches zu Kästen und Töpfen

Die Brote in diesem Buch werden in Kästen, Töpfen oder Glasgeschirren gebacken, was viele Vorteile mit sich bringt: Bei Töpfen mit Deckel gleicht der Topf einem Herd im Herd. Die Hitze bleibt vorwiegend im Topf, und die Teighaut kann sich durch den entweichenden Dampf im Teigling besser ausdehnen, wodurch das Brot wunderbar aufgeht.

Zusätzlich haben Formen wie Töpfe und Kästen den riesigen Vorteil, dass die Teige sehr weich sein können, da die Form dem Teig eine Struktur vorgibt. Bei weicheren Teigen mit einer höheren Teigausbeute bleibt das Brot zudem viel länger frisch.

Kastenformen

Beschichtete Kastenformen zum Brotbacken sind in den meisten Märkten in unterschiedlichen Größen erhältlich. Man kann auch alte Emailgeschirre oder schwere Kästen aus Gusseisen verwenden. Da bei Kastenbroten die Formen nicht vorgeheizt werden, sollte man sie etwas einfetten, wenn die Beschichtung nicht ausreichend ist, bevor man den Teig in den Kasten füllt.

Alte Flohmarkttöpfe und Glasgeschirre sind besonders zu empfehlen.

Töpfe

Woher bekomme ich geeignete Töpfe? Die Antwort ist einfach: Jede und jeder hat sie und weiß es nur nicht. Im Prinzip kann jeder hitzebeständige Topf ohne Plastikgriffe verwendet werden. Er darf nur nicht zu niedrig sein, ein normaler Topf mit einer Höhe von 9 cm reicht. Das Beste daran ist, dass man den Teigling, ohne den Topf einzufetten oder mit zugeschnittenem Backpapier auszulegen – wie oft empfohlen wird –, in den Topf kippen kann.

Das einzig Wichtige:
Der Topf muss sehr heiß sein. Das heißt, dass er je nach Beschaffenheit des Herdes bei 240 Grad Ober- und Unterhitze gut 20 Minuten aufgeheizt werden muss. Das ist allerdings kein zusätzlicher Aufwand, da beim Brotbacken der Herd ohnehin vorgeheizt wird. Ist der Topf aufgeheizt, klebt der Teig nicht an!

Maßangaben für Simperl, Töpfe und Kästen

Ganz wichtig ist außerdem die Abstimmung von Gärkorb bzw. Simperl auf den verwendeten Topf. Ich werde oft gefragt, warum meine Brote so gut aufgehen und eine so runde Form haben. Neben vielen anderen Gründen ist das Passverhältnis von Simperl und Topf entscheidend: Ihre Größe sollte aufeinander abgestimmt sein.

Wird beispielsweise für ein **kleines Topfbrot** ein Simperl mit einem Durchmesser von 16 cm verwendet, so geht dieses Brot, wenn es in einem Topf mit einem Durchmesser von ebenfalls 16 cm gebacken wird – vorausgesetzt alle anderen Faktoren stimmen –, wunderbar auf. Gibt man denselben Teigling in einen Topf mit 18 cm Durchmesser, so wird das Brot um eine kleine Spur flacher (siehe Bilder unten).

Für **mittlere Topfbrote** sind in der Regel etwas größere Töpfe nötig. Da ein Teig im Ofen noch aufgeht, kann es leicht sein, dass ein Teigling mit 700 g in einem zu kleinen Topf oben ansteht und durch den Ofentrieb beim Backen den Deckel anhebt.
Bei **großen Broten** sind Töpfe zwischen 18 und 21 cm ideal.

Für **kleine Kastenbrote** ist eine Kastenlänge von circa 20 cm am besten, damit die Brote eine ausgewogene Form bekommen, während sie bei **großen Broten** um die 25 cm liegt.

Richtwerte aus meiner Erfahrung

Topfbrote

Kleine Topfbrote	ca. 550–700 g	Simperl 16 cm	Topf 16–17 cm Ø, 7–8 cm Höhe
Mittlere Topfbrote	ca. 700–850 g	Simperl 16 cm	Topf 18–19 cm Ø, 9–10 cm Höhe
Große Topfbrote	ca. 850–1100 g	Simperl 18 cm	Topf 20–21 cm Ø, 10–11 cm Höhe

Kastenbrote

Kleine Kastenbrote	ca. 650–900 g	Kasten: 20/11/7 cm
Große Kastenbrote	ca. 900–1100 g	Kasten: 25/11/7 cm

Die Zutaten

Das essenzielle Trio

Es reichen drei Zutaten aus, um ein gutes Brot zu machen: Mehl, Wasser und Salz. Im Grunde wundert es mich immer wieder, dass man allein durch die Kombination dieser drei so köstlich schmeckendes Brot backen kann. Das Triebmittel, der Sauerteig, lässt sich ebenfalls aus Mehl und Wasser gewinnen. Hefen und Bakterien sind überall! Meistens verwenden wir heute noch zusätzlich oder statt dem Sauerteig Trockenhefe oder Hefewürfel, was aber nicht erforderlich ist. Im Grunde genügt dieses einfache Vorgehen völlig.

Getreidesorten: Inhaltsstoffe und Verarbeitung

Mehle sind beim Brotbacken das Um und Auf. Die typischen Brotbackmehle werden aus Süßgräsern gewonnen, aus denen unser Getreide gezüchtet wird. Am bekanntesten sind bei uns Roggen für eher dunkle, schwere und würzig schmeckende Bauernbrote und Weizen für hellere, weichere und luftige Brote. Daneben sieht man heute in Bioläden vermehrt auch Getreidesorten wie Dinkel, Kamut, Emmer und Einkorn, die alle zu den Weizensorten zählen und daher ähnlich zu verarbeiten sind. Eine andere Verarbeitung erfordern Mehle aus klassischem Roggen oder dem Waldstaudenroggen, da sie nicht wie die Weizenteige über hinreichend Gluten verfügen, die das Klebergerüst in den Weizenteigen aufbauen.

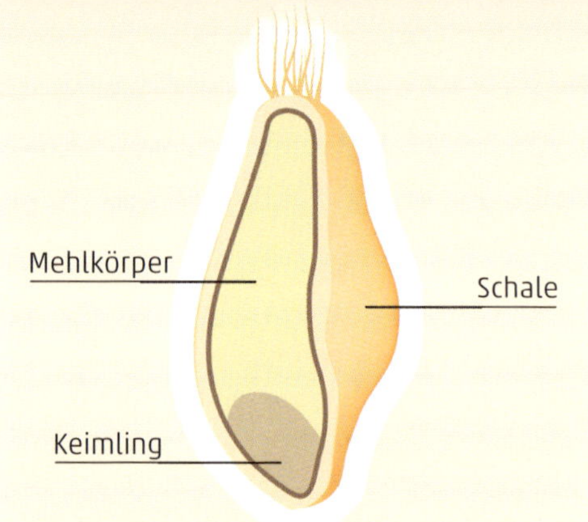

Betrachtet man ein Getreidekorn unter der Lupe, sieht man mehrere Schichten: Im Wesentlichen besteht es aus einem Mehlkörper, der vorwiegend Stärke beinhaltet, einem Keimling, der hochwertige Eiweiße, Fette, Mineralstoffe und Vitamine enthält, und der Schale, die unter anderem Ballaststoffe und Minerale aufweist. In der Mitte sitzt der Mehlkörper, in diesem eingeschlossen lagert der Keimling, dessen erste Nahrung die mitgelieferte Stärke des Mehlkörpers darstellt. Ganz außen, als Schutz, ist das Korn von der Schale umgeben.

Das Getreidekorn als Ganzes ist ein vor Energie und Kraft strotzender Winzling, der, sehr fein abgestimmt, Wesentliches für unsere Nahrung liefert. Mittlerweile ist Getreide bei manchen in Verruf geraten, wobei meist nicht auf die Unterschiede zwischen Auszugsmehlen, die fast nur mehr aus Stärke bestehen, und wertvollen Vollkornmehlen, in denen das ganze Korn enthalten ist, geachtet wird.

Die bei uns am meisten verwendeten Mehle haben verschiedene Typenbezeichnungen wie Weizenmehl Type 480 oder Roggenmehl Type 960, was auf den jeweiligen Ausmahlungsgrad hinweist. Ohne nun auf die Details der Ausmahlungsgrade einzugehen, muss man sich nur eine einfache Richtung merken:

Je niedriger die Typenbezeichnung, desto höher der jeweilige Ausmahlungsgrad, und je höher der Ausmahlungsgrad, desto weniger an Inhaltsstoffen.

Gängige Weizenmehle mit einem Ausmahlungsgrad Type 480 bestehen fast nur mehr aus dem Mehlkörper, der reine Stärke ist. Der Anteil an Mineralstoffen, Vitaminen und Ballaststoffen ist dementsprechend gering. Reine Vollkornmehle weisen keine Typenbezeichnung auf, da sie noch alles enthalten. Mehle mit hohem Ausmahlungsgrad werden vor allem aus Gründen der Haltbarkeit verwendet: Im Keimling ist am meisten Fett enthalten, das ranzig werden kann. Werden der Keimling und die Schale entfernt, so wird das Mehl fast uneingeschränkt haltbar.

Das ganze Korn, egal, ob es von Reis oder Getreide stammt, enthält jedoch in einem sehr ausgewogenen Verhältnis verschiedene essenzielle Nährstoffgruppen wie Kohlenhydrate, Fette, Eiweiße sowie Mineralstoffe, Ballaststoffe und Vitamine. Das Verhältnis zwischen Kohlenhydraten und Eiweißen entspricht bei vollem Korn jenem in der Muttermilch. Die Fette, die im Getreidekeimling vorkommen, sind ungesättigt und daher besonders wertvoll. Ein Getreidekeimling enthält verhältnismäßig mehr Proteine als Fleisch. Die Kohlenhydrate des Getreides gehören zu den sogenannten Polysacchariden, sogenannte komplexe Mehrfachzucker, die den Körper mit Energie versorgen. Im Gegensatz zu sehr schnell verbrennenden Kohlenhydraten, etwa Zucker, hält das Sättigungsgefühl durch den Verzehr von Vollkornprodukten eindeutig länger an. Auch die Schale enthält wichtige Minerale und Vitamine.

Gesundheitlich betrachtet spricht vieles dafür, das gesamte Korn zu verwenden oder zumindest einen Anteil Vollkornmehl zu den einzelnen Mischungen hinzuzufügen. Ich verwende häufig Mischungen, die ich ohne abzuwiegen zusammenstelle. Bäckt man ein Brot aus reinem Vollkornmehl, so sollte man circa 5–10 Prozent mehr Wasser als im Standardrezept mit Auszugsmehlen verwenden. Ist der Teig allerdings schon sehr flüssig, ist das nicht nötig.

Bei Weizensorten verwende ich nur Urgetreidesorten wie Dinkel, Einkorn und Emmer. Bei Roggen nehme ich vorwiegend Waldstaudenroggen und normalen Roggen.

Die gängigsten Mehltypen in Österreich und Deutschland

Mein Mehl beziehe ich vom Biobauern um die Ecke oder aus traditionellen Lebensmittel- oder Bioläden. Die meisten Urkornmehle sind inzwischen in handelsüblichen Ketten zu bekommen und von sehr guter Qualität.

Ein Tipp für selbst gemahlenes Mehl:
Je nach Feinheitsgrad der Mühle bindet selbst gemahlenes Mehl weniger Wasser. Eventuell muss das Rezept angepasst werden, indem man den Flüssigkeitsanteil leicht reduziert.

Verwendete Mehlsorten

Obwohl ich mit Weizen sehr selten backe, kann man ihn jederzeit statt Dinkel, Emmer oder Einkorn verwenden. Weizen ist sogar etwas formstabiler und daher leichter in der Verarbeitung als die Urgetreidesorten.

Österreich	Deutschland
Weizen Type 480	Weizen Type 405
Weizen Type 700	Weizen Type 550
Weizen Type 1600	Weizen Type 1050
Weizenvollkornmehl	

Am häufigsten nehme ich Dinkel Type 700 für helle Brote und Dinkelvollkornmehl für deftigere Brote. Dinkel ist das Urgetreide, das inzwischen in beinahe jedem Lebensmittelgeschäft vorrätig ist. Dinkel Type 1150 findet man in Österreich kaum, da es aber eine sehr hohe Typenzahl hat, kann man es durch Vollkornmehl ersetzen.

Österreich	Deutschland
Dinkel Type 700	Dinkel Type 630
	Dinkel Type 1150
Dinkelvollkornmehl	

Bei Einkorn und Emmer ist in Deutschland und Österreich nur Vollkornmehl erhältlich. Inzwischen sind diese Getreidesorten teilweise auch in gängigen Lebensmittelketten im Sortiment.

Für helle Roggenbrote verwende ich meist Roggen Type 960, für dunklere Roggen- oder Waldstaudenroggenvollkornmehl. Waldstaudenroggen, der ausschließlich in Bioläden zu bekommen ist, kann man jederzeit durch gängiges Roggenvollkornmehl ersetzen.

Österreich	Deutschland
Roggen Type 500	Roggen Type 610
Roggen Type 960	Roggen Type 997
Roggen Type 1150	
Roggenvollkornmehl	
Waldstaudenroggenvollkornmehl	

Verschiedene Weizen- und Roggensorten: Inhaltsstoffe und Verarbeitung

Klassischer Weizen

Weizen ist das häufigste Getreide weltweit und gehört neben Gerste wohl zu den ältesten angebauten Getreidesorten. Die frühesten Weizenfunde stammen aus China und reichen bis 7000 v. Chr. zurück.

Abgesehen von seinen hervorragenden Backeigenschaften hat der Weizen auch inhaltlich viel zu bieten. Das volle Korn enthält zwischen 59 und 74 Prozent Kohlenhydrate, 12–14 Prozent Eiweiß, gut 2 Prozent Fett und 1,8 Prozent Mineralstoffe. Der Weizen gilt generell als ein reichhaltiger Lieferant für Vitamin B, vorzugsweise B1, B2, B6. Zu den Weizensorten werden auch **Dinkel, Kamut, Emmer** und **Einkorn** gezählt, die ähnliche Eigenschaften wie der Weizen aufweisen, aber etwas anders zu verarbeiten sind.

Klassischer Weizen kann durch andere Weizensorten wie Dinkel, Emmer, Einkorn oder Kamut ersetzt werden, wenn man die besonderen Verarbeitungseigenschaften und Unterschiede berücksichtigt.

Dinkel

Dinkel gilt als der Urahne unseres Weizens. Aufgrund seiner Robustheit wurde er früher gern auf kargen Böden gepflanzt. Da aber beim Dinkel das Korn mit der Spelze fest verwachsen ist und nicht gleich beim Dreschen herausfällt, ist seine erste Verarbeitung aufwendiger, wodurch Dinkel mehr und mehr in den Hintergrund gerückt ist. Dinkel enthält weniger Kohlenhydrate als der klassische Weizen, nur etwa 56 Prozent, aber mehr an Mineralstoffen und Vitaminen sowie etwas mehr Eiweiß. Hervorzuheben ist auch sein hoher Gehalt an Kieselsäure. Dinkel hat ein leicht nussiges Aroma. Ich finde, Dinkel eignet sich – entgegen vieler Meinungen – hervorragend zum Brotbacken. Ich verwende ihn ähnlich wie Weizen, obwohl er etwas schwieriger zu handhaben ist, da er ein schwächeres Teiggerüst entwickelt und weicher ist.

Beim Verarbeiten ist Dinkel ein bisschen anspruchsvoller als Weizen. Da er etwas weniger Wasser aufnimmt, wird das Brot leichter trocken. Abhilfe schaffen hier beispielsweise verschiedene Vorteige wie Quellstücke und Sauerteige, durch die das Wasser besser aufgenommen werden kann, sowie die Zugabe von Kartoffeln, die ebenfalls Wasser binden und das Brot feucht halten. Berücksichtigt man dies, so erhält man fein schmeckende und sehr lang haltbare Brote, die keineswegs trocken sind, sondern wunderbar saftig.

Die Gluten des Dinkels sollen angeblich leichter verdaulich sein als die des Weizens. Die wohl größte Verfechterin des Dinkels war Hildegard von Bingen, die meinte: „Dinkel ist das beste Getreidekorn, wirkt wärmend und fettend, hochwertiger und milder als andere Körner. Der Dinkel führt zu einem rechten Blut, gibt ein aufgelockertes Gemüt und die Gabe des Frohsinns."

Kamut

Der Kamut, auch Pharaonenweizen genannt, fällt zunächst durch seine gelbe Farbe auf. Er beinhaltet mehr Eiweiß und Kohlenhydrate als unser Weizen, aber weniger Kalzium und Vitamine. Hervorhebenswert ist dafür der hohe Magnesiumgehalt dieses Getreides.
Da Kamut weniger Gluten hat, kann man mit ihm sehr wohl backen, aber er erfordert eine andere Verarbeitung, ähnlich wie Dinkel. Er

ist ebenfalls weniger formstabil, weswegen es für weichere Teige einen Topf oder Kasten braucht. Ich verwende Kamut am liebsten mit Dinkel 1:1 gemischt.

Einkorn

Heute wird Einkorn nur mehr in wenigen Regionen angebaut, da sein Ertrag ungefähr 30 Prozent unter dem des Dinkels liegt. Durch den hohen Gehalt an Gelbpigmenten ist Brot aus diesem Getreide leicht eingefärbt. Neben der Farbe hat Einkorn auch einen hohen Mineralstoffgehalt, besonders an Eisen, Zink und Natrium. Gesundheitlich hervorzuheben sind seine Carotinoide und sein hoher Proteingehalt, der knapp 20 Prozent über dem von Weizen liegt.

Viele Backprofis vertreten die Ansicht, dass Einkorn allein nicht backfähig ist, da die Klebereigenschaften, die den Teig aufgehen lassen, fehlen. Meiner Erfahrung nach ist dies nicht der Fall: Man kann sehr gutes Brot mit Einkorn backen, nur die Handhabung ist etwas anders. Der Teig verfügt kaum über Klebestabilität, wodurch er nie so dehnbar und elastisch ist wie etwa ein Weizenteig. Daher gelten wiederum ähnliche Verarbeitungshinweise wie beim Dinkel. Auch für Einkorn lässt sich sagen, dass die weichere und etwas geringere Formstabilität schwerer zum Rundwirken ist. Einkorn verwende ich ebenso wie Kamut meist gemischt mit Dinkel.

Emmer

Diese ganz alte Getreidesorte wurde einst vorwiegend in der südlichen Türkei angebaut. Ähnlich wie Dinkel und Einkorn zählt auch der Emmer zu den Spelzgetreiden. Das heißt, dass das Korn in der Spelze eingeschlossen bleibt, wodurch bei der Ernte ein zusätzlicher Arbeitsschritt notwendig ist. Emmer ist reich an Mineralstoffen wie Eisen, Zink, Selen und Mangan, die der Mensch im Körper nicht selbst bilden kann und die daher über die Nahrung aufgenommen werden müssen. Zudem enthält Emmer einen gut 20 Prozent höheren Anteil an Folsäure, verglichen mit konventionellem Weizen.

Emmer – eine der ältesten Getreidesorten

Obwohl Emmer über einen hohen Glutenanteil, also Klebergehalt, verfügt, ist die Qualität des Emmer-Klebers anders als die des Weizens: Er beinhaltet im Kleber mehr Gliadine als Glutenine. Ähnlich wie bei Einkorn ist folglich die Backeigenschaft von Emmer etwas anders, Teige erreichen nicht die gleiche Elastizität. Bei meinen Rezepten ist Emmer ebenfalls meist mit Dinkel gemischt.

Roggensorten

Roggen

Der Roggen gilt als Getreide, das selbst in höheren Lagen noch gut gedeiht. Wohl deshalb ist es hierzulande früher üblich gewesen, selbst in Höhenlagen bis zu 2000 Metern Roggen anzubauen. Über seine Herkunft und Urheimat wird spekuliert: Die Bandbreite reicht von Persien bis Russland. Jedenfalls setzt sich der Roggen dort durch, wo es dem Weizen, der milderes Klima bevorzugt, zu rau ist. Im Gegensatz zum Weizen, der als feines Getreide galt, war der Roggen einst das Getreide der Bauern und armen Leute. Der Roggen ist ein hervorragender Lieferant von Spurenelementen. Im Besonderen verfügt er über einen hohen Wert an Kalium. Im Vergleich zu Weizen hat der Roggen gut die Hälfte mehr an Mineralstoffen und dafür weniger Eiweiße und Fette.

Roggen verwende ich einerseits in Mischungen, bei denen der Hauptanteil Weizen ist, andererseits für reines Sauerteigbrot und Roggenmischbrote. Da Roggen sehr wenig Gluten hat, ist er anders zu verarbeiten und eignet sich nicht so gut für Kleingebäck. Roggenteige lassen sich aber recht leicht zubereiten. Da bei meinen Roggenteigen das Rundwirken entfällt, braucht man sie nur schonend zu formen, was in kürzester Zeit erledigt ist.

Waldstaudenroggen

Auch der Waldstaudenroggen gehört zu den Urgetreidesorten. Verwirrend sind die vielfältigen Namen dieses Urkorns: Johannisroggen, Sibirischer Roggen oder Sibirischer Urroggen. Den Namen Johannisroggen hat er angeblich aufgrund der traditionell frühen Aussaat zur Johanniszeit. Da sein Ertrag etwa um die Hälfte geringer ist als bei gewöhnlichem Roggen, wird er kaum noch angebaut. Im Grunde ist der Waldstaudenroggen dem handelsüblichen Roggen hinsichtlich der Inhaltsstoffe und der Verarbeitung sehr ähnlich. Da aber das Korn um einiges kleiner ist, ergeben sich in der Summe mehr Schalenanteile, wodurch der Waldstaudenroggen mehr Ballaststoffe enthält.

Der Waldstaudenroggen ist in der Verarbeitung gleich wie konventioneller Roggen. Roggenrezepte können dementsprechend eins zu eins mit Waldstaudenroggen zubereitet werden.

Weitere Getreidesorten als Zutat

Hafer- oder **Gerstenflocken** lassen sich leicht in dunkle und helle Brote einarbeiten und zum Wälzen des Teiglings verwenden.

Buchweizen – eigentlich ein Knöterichgewächs – ist ebenfalls nicht als alleinige Zutat geeignet, dafür aber zerquetscht als Schrot oder gemahlen.

Auch mit **Kastanien-** oder **Lupinenmehl** lässt sich die Geschmackspalette erweitern.

Getreide wie **Hafer, Buchweizen** und **Gerste** eignen sich nicht als alleinige Zutat zum Brotbacken, aber sehr wohl als Backanteil, der 30 Prozent nicht überschreiten sollte.

(1) Kürbiskern
(2) Kamut
(3) Einkorn
(1)
(2)
(3)

(5)
(4)
(6)
(4) Emmer
(5) Dinkel
(6) Roggen

Salz, Wasser und zusätzliche Zutaten

Salz

Das Salz ist nicht nur für den Geschmack zuständig. Es hilft sowohl in Weizen- als auch in Roggenteigen beim Verkleistern, wodurch die Brote formstabiler werden. Wohldosiert hemmt es außerdem leicht die Hefeaktivität, was dem Brot wiederum mehr Zeit zum Reifen gibt. Dadurch verfeinert sich der Geschmack. Langsam fermentiertes Brot gewinnt an Aromen.

Die Salzmengen werden üblicherweise wie folgt angegeben: Zwischen 1,6 und 2,2 Prozent der Mehlmenge.

Wasser und andere Flüssigkeiten

Beim Brotbacken ist Wasser genauso wichtig wie Mehl. Durch die Zugabe von Wasser werden im Mehl enzymatische Vorgänge ermöglicht, die den Mikroorganismen als Nahrungsquelle dienen. Mehl enthält zwar schon circa 15 Prozent Wasser, jedoch ist dies unerheblich, da das Wasser gebunden ist. Erst ungebundenes Wasser ist in der Lage, die Enzyme zu aktivieren. Wenn nun Mehl mit Wasser vermischt wird, verbinden sich im Mehl Eiweiße – Gliadin und Glutenin – und bilden die uns bekannten Glutennetzwerke aus. Die Ausbildung der Glutenstränge wird sichtbar und spürbar, wenn durch das Kneten aus dem Mehl-Wasser-Gemisch mit dem jeweiligen Triebmittel eine feste, elastische und dehnbare Struktur entsteht.

Milch, Buttermilch, Joghurt oder Haferdrink als vegane Variante

Bei Flüssigkeiten ist man freilich nicht auf Wasser beschränkt. Milch oder Joghurt machen das Brot ein bisschen weicher, daher eignet sich Letzteres beispielsweise als Zutat für indisches Naanbrot. Buttermilch gibt eine leichte Säure ab, was bei manchen Broten sehr gut schmeckt. Aufgrund des Milchzuckers sollte man Brot mit Milch bei etwas niedrigerer Temperatur backen, da dieser schneller bräunt, oder zumindest darauf achten, damit es nicht verbrennt.

Bier

Auch Bier gibt dem Brot eine andere Geschmacksnote, die ich sehr gerne mag. Besonders Kastenbrote erhalten eine schöne Kruste, wenn sie vor dem Backen mit dunklem Bier bestrichen werden.

Honig

Ein bisschen Honig verleiht eine süße Note oder ist in der Kombination mit Essig – als Ausgleich – sehr raffiniert.

Öle und Fette

Durch die Zugabe von Ölen wird der Teig etwas weicher. Ich verwende Öle ganz sparsam und vorwiegend bei italienischen Broten. Als Fett finde ich Butter am geschmackvollsten. Natürlich lässt sie sich durch Margarine ersetzen. Butter macht Brote weicher und rundet das Aroma ab. Allerdings scheiden sich die Geister daran, wann man die Butter oder Öle dazugibt. Kleine Mengen Fett kann man gleich zu Beginn beimengen. Ist es etwas mehr, dann später beim Verrühren des Teiges. Dies hat folgenden Grund: Da Fette die Glutenproteine umschließen, verhindern sie, dass sich ein gutes Glutennetz aufbaut, wenn man sie zu früh zum Teig hinzufügt. Generell bewirken Fette eine etwas feinere Krume und eine weichere Kruste.

Zucker

Zucker gilt allgemein als Hefenahrung. In alten Backbüchern ist zu lesen, dass man dem Teig ein wenig Zucker beimengt, damit die Hefeaktivität angeregt wird. Zucker zieht aber auch

Wasser an sich, was die Entwicklung des Glutennetzwerkes vermindert. Wenn Zucker verwendet wird, dann sollte man ihn am Schluss des Knetens oder Verrührens zugeben. Nicht zu viel Zucker nehmen, da die Hefeaktivität eingeschränkt wird, wenn die Zuckermenge bei über 10 Prozent des Teigs liegt. Er bewirkt jedoch eine kräftigere Bräunung der Kruste beim Backen.

Eier

Eier werden vorzugsweise für süße Brote verwendet, aber man kann sie auch unter ganz normale Teige mischen. Neben dem hohen Nährwert haben sie zudem Eigenschaften, die sich auf das Backergebnis auswirken: Durch die Zugabe von Eiern wird die Krume etwas weicher, aber der Teig ist formstabiler, und das Brot bekommt eine leichte gelbliche Tönung. Eier kann man ebenso als Glanzmittel für die Kruste verwenden.

Weizen- und Dinkelgrieß

Weizengrieß verwende ich für Baguettes. Diese werden, bevor sie in den Ofen kommen, noch in Weizengrieß gewälzt. Hervorragend sind auch Brote, die mit einem Anteil an Weizengrieß gemischt mit Mehl zubereitet werden.

Reismehl

Reismehl ist recht praktisch zum Einmehlen der geflochtenen Brotkörbe, der Simperl, die man zum Aufgehen verwendet. Wenn man Roggenmehl mit etwas Reismehl vermischt, klebt es weniger.

Nüsse

Nüsse lassen sich in vielerlei Brote einarbeiten. Am öftesten verwende ich regionale Nüsse, wie Hasel- und Walnüsse.

Samen aller Art

Gibt man Samen, etwa **Leinsamen,** einfach so zum Brot dazu, wird es krümelig und trocken. Bei Samen ist es wichtig, sie in einem Quellstück anzusetzen, damit sie sich mit Wasser vollsaugen können, das sie dann wieder an das Brot abgeben.

Flohsamen beispielsweise können gut das 20-Fache ihres Eigengewichts an Wasser binden. Zum Bestreuen eignen sich so gut wie alle Samen: **Sesam, Hanfsamen, Chiasamen** und natürlich **Mohn.**

Getrocknetes

Getrocknete Tomaten passen gut in italienisches Brot. Auch getrocknete Früchte kann man den Teigen beimengen, um etwa Frühstücksbrötchen noch eine süße Note zu verleihen.

Karotten

Karotten – fein geraspelt – kann man in viele Brote geben. Ich mag sie am liebsten in Roggenmischbroten oder im Kartoffelbrot.

Kartoffeln

Das Kartoffelbrot ist im Geschmack sehr fein. Zudem bleibt das Brot durch den hohen Wassergehalt der Kartoffeln sehr lange frisch. Wichtig ist nur, die Kartoffeln wirklich gar zu kochen und auskühlen zu lassen. Ich verwende meist speckige Kartoffeln.

Weiteres Gemüse

Ähnlich wie Kartoffeln lassen sich auch Kohl, Kürbis, Rote Rüben oder Zucchini in Brote einarbeiten, seien sie gekocht und zerstampft oder klein geschnitten. Bei Kohl ist der Eigengeschmack zu beachten.

Maroni

Das Maronenbrot ist etwas ganz Hervorragendes. Gibt man noch etwas Kastanienmehl in den Teig, so ist das Brot perfekt. Auch hier gilt: Die gekochten Maronen zerstampfen und in den Teig einarbeiten.

Äpfel

Äpfel lassen sich gut in Brote einarbeiten. Die besondere Eigenschaft von frischen Äpfeln ist, dass sie das Brot lang frisch halten. Ich zerkleinere sie mitsamt der Schale in einem guten Mixer und vermische sie mit dem Wasser für den Teig.

Oliven

Das Olivenbrot gehört zu meinen liebsten Sommerbroten. Für das Olivenbrot eignen sich ausschließlich Weizensorten wie klassischer Weizen, Emmer, Einkorn, Kamut oder Dinkel.

Klassische Brotgewürze

Brotgewürze wie Anis, Kümmel oder Fenchel werden gemahlen oder fein geschrotet zu Broten gegeben. Zusätzlich zur Geschmacksnote dienen gerade diese Gewürze der Verdauung. Ansonsten gibt es noch vielerlei Gewürze, die man dem Brot beifügen kann: bei indischen Broten etwas Kurkuma, Koriander und Kreuzkümmel oder bei südländischer Focaccia Rosmarin. Mit Gewürzen bin ich sehr sparsam, da ich am liebsten den Eigengeschmack des jeweiligen Getreides hervorhebe.

(1) schwarzer Sesam
(2) Goldleinsamen
(3) Kürbiskerne
(4) Chiasamen
(5) Sonnenblumenkerne
(6) Leinsamen
(7) Mohn
(8) Haselnüsse
(9) getrocknete Marillen
(10) weißer Sesam
(11) Walnüsse

6
8
9
10
5
7
11

Die Frischhaltung

Jede und jeder möchte Brote, die lange frisch und saftig bleiben. Meist wird beim Thema Frischhaltung über die Lagerung gesprochen. Frischhaltung beginnt jedoch früher: bei der Auswahl der Zutaten und der Zubereitung. Hier folgen ein paar Punkte, die garantiert die zukünftige Frischhaltung fördern.

Zutaten und Zubereitung

Roggenbrote

Reines Sauerteigbrot bleibt von Natur aus länger frisch und schimmelt kaum. Sauerteigbrote, die lange fermentiert und mit Roggen zubereitet werden, bleiben länger frisch als Brot, das mit wenig Gehzeit zubereitet wurde. Ist es noch dazu ein reines Roggenvollkornbrot, so begünstigt dies nochmals die lange Haltbarkeit.

Saatenbrote

Damit Brote lange saftig bleiben, kann man Saaten wie Leinsamen, Flohsamen oder Sonnenblumenkerne beifügen. Wichtig ist, die Saaten nicht trocken zum Hauptteig zu geben, sondern sie vorher in Wasser einzuweichen (siehe S. 44). Dann geben sie die aufgesogene Flüssigkeit dem Brot teilweise wieder zurück. Fügt man die Saaten trocken hinzu, saugen sie Feuchtigkeit aus dem Brot. Zu beachten sind natürlich die Mengenangaben bei Saaten, da sie unterschiedlich viel Wasser binden.

Gemüsebrote

Gemüsebrote bleiben unglaublich lange saftig, allen voran Kartoffel- und Zucchinibrote. Aber auch Kürbis, Karotten und viele andere Gemüsesorten können leicht in Teige eingearbeitet werden. Kartoffeln, Kürbis oder Rote Rüben verwendet man gekocht und zerstampft, während man Zucchini oder Karotten frisch geraspelt zum Hauptteig geben kann. Gemüsesorten kann man nicht wahllos austauschen, da sie unterschiedliche Mengen an Wasser enthalten. Damit ein Gemüsebrot wirklich saftig und nicht glitschig oder zu trocken wird, sollte man sich in etwa an die Mengenangaben in den Rezepten halten.

Teigausbeute

Auch eine hohe Teigausbeute begünstigt die Frischhaltung. Unter Teigausbeute ist das Mengenverhältnis von Mehl und Wasser zu verstehen. Die Mehlmenge entspricht dabei immer 100 Prozent: Um es mit einem

Beispiel zu veranschaulichen: Verwendet man auf 100 g Mehl 80 ml Wasser, so beträgt die Teigausbeute 180. Da die Teigausbeute die Wassermenge angibt, ist sie ein Richtwert für feste, weiche und sehr weiche Teige, was für das Brotbacken ein unentbehrliches Wissen ist. Natürlich kann die Teigausbeute auch zu hoch sein, dann ist ein Brot bestenfalls zu feucht oder gar glitschig.

Teigausbeuten von 160 bis 165 gelten als fest, Teige mit einer Teigausbeute von 165 bis 170 als mittelfest und solche mit einer Teigausbeute von 170 bis 175 gelten schon als weich. Liegt die Teigausbeute darüber, also noch weicher, so ist es sicherer, die Brote vorwiegend im Topf oder einem Kasten zu backen. Meine Brote haben meist eine Teigausbeute zwischen 175 und 195, was eine lange Frischhaltung begünstigt.

Kasten- und Topfbrote

Ganz wesentlich für die spätere Frischhaltung ist die Zubereitungsart in Töpfen oder Kastenformen. Durch die vorgegebenen Formen erhält man Brote mit höherer Teigausbeute, ohne dass sie beim Backen auseinanderfließen.

Die Lagerung von Brot

Für die Lagerung von Brot gibt es verschiedenste Methoden: angefangen von Plastikbehältern, in denen das Brot zwar weich bleibt, aber schnell die Kruste verliert, bis hin zu freistehend an der Schnittfläche, wo es hingegen die Kruste behält, aber schneller austrocknet. Sehr gut geeignet sind Holzkörbe aus Zirben sowie klassische Römertöpfe. Meine Erfahrung ist, dass das Brot im Römertopf besonders lang weich bleibt und trotzdem die Kruste nicht gleich verliert, wenn man einen ganz kleinen Spalt offen lässt.

Der Backprozess

Einfache Anleitung: vom Anstellgut zum fertigen Brot

Keine Angst vor Sauerteig

Sauerteig ist das älteste uns bekannte Triebmittel. Es ist das reinste Vergnügen, Brot nur mit Wasser, Salz und Mehl zuzubereiten. Reine Sauerteigbrote sind äußerst einfach und fast gelingsicher zuzubereiten. Zudem sind sie gesund und durch die Fermentation der Mikroorganismen im Vergleich zu gängigen Broten sehr gut verdaulich. Hinzu kommt die Besonderheit meiner Backmethode: Ich benötige für ein wirklich gutes Sauerteigbrot circa fünf Minuten Arbeitszeit.

Außerdem braucht ein Sauerteig keine übertriebenen Hygienemaßnahmen. Seit Jahrtausenden wird mit Sauerteig Brot gebacken, und es ist nicht anzunehmen, dass man in früheren Zeiten sehr penibel auf fremde Bakterien achtete. Gerade kürzlich erzählte mir jemand, dass sie das Glas mit dem Sauerteig bzw. Anstellgut einmal im Monat spült. Sicher keine große Arbeit, aber doch ein zusätzlicher Aufwand, den man sich sparen kann. Mein Glas Anstellgut ist etwa neun Jahre alt. Ich habe es noch nie gespült oder ausgewaschen. Es ist auch noch nie gekippt, hat also nie zu schimmeln begonnen. Welche Lebensbedingungen ein Anstellgut benötigt, wird im Folgenden erläutert.

Der Sauerteig: vom Ansetzen bis zum Verwenden

Anstellgut ansetzen

Vor der Verwendung heißt der Sauerteig Anstellgut. Zum Ansetzen eines Anstellguts braucht es nur Wasser und Mehl.

Man gibt circa 50 g Roggenvollkornmehl und 50–60 ml lauwarmes Wasser in ein Schraub- oder Weckglas (Größe: mindestens 500 ml) und verrührt alles mit einer Gabel. Anschließend verschließt man das Glas mit einem Deckel und lässt es einen Tag bei Zimmertemperatur stehen. Diesen Vorgang vier Tage wiederholen. Ein Vollkornmehl funktioniert besser, aber es ist auch möglich, ein Roggenmehl, z. B. Type 960, zu nehmen.

Tag 1

Tag 2

Tag 3

Wenn sich das Anstellgut nach vier Tagen nach oben zu wölben beginnt und sich an der Oberfläche kleine Bläschen bilden, ist der Prozess gelungen und das Anstellgut einsatzfähig. Backt man kein Brot, so kann es für gut eine Woche mit verschlossenem Deckel in den Kühlschrank wandern, bis es wieder Zeit für eine Fütterung ist. Frisches Anstellgut ist in der Regel noch nicht so aktiv wie älteres. Daher kann man bei den ersten Malen backen noch etwas Hefe, circa 2 g, zum Hauptteig geben.

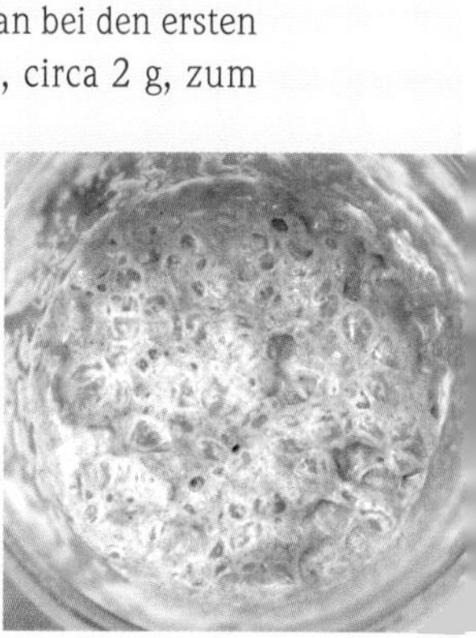

rechts: aktives Anstellgut

Anstellgut füttern

Ist das Anstellgut fertig, wird es im Kühlschrank aufbewahrt und einmal die Woche gefüttert. Dazu **(1)** das Anstellgut aus dem Kühlschrank nehmen, **(2)** 80 g Roggenvollkornmehl und 100 ml lauwarmes Wasser zugeben, gut verrühren, **(3)** ins Warme stellen und **(4)** nach gut zwei Stunden wieder in den Kühlschrank geben. Wichtig: Beim Füttern muss das Verhältnis von Mehl und Wasser stimmen. Es müssen aber nicht immer 80 g Roggenvollkornmehl sein. 80 g Mehl und 90 ml Wasser oder 70 g Mehl und 90 ml Wasser sind z. B. auch möglich. Hält man den Teig etwas flüssiger, geht es schneller. Die Mikroorganismen mögen sehr viel Feuchtigkeit.

Anstellgut, das überläuft

Das Glas muss groß genug sein (mindestens 500 ml), sonst passiert es, dass das Anstellgut überläuft. Zwischen den Bildern der unteren Fotostrecke liegen nur fünf Minuten – vor dem Füttern immer darauf achten, dass noch genug Platz im Glas ist.

Anstellgut umzüchten

Ich verwende für helle Brote aus Dinkel, Emmer oder Einkorn fast immer ein Anstellgut aus Roggen. Wer möchte, kann ein Roggenanstellgut leicht umzüchten. Dazu füttert man es beispielsweise ein paar Mal mit Dinkelvollkornmehl statt mit Roggenvollkornmehl. Im Grunde geht man beim Umzüchten gleich vor wie bei der normalen Fütterung, man verwendet also die gleiche Menge Mehl. Meine Erfahrung ist, dass es geschmacklich für ein helles Brot kaum einen Unterschied macht, ob das Anstellgut aus Roggen oder Dinkel hergestellt wird. Bei den Geschmacksproben, die ich zahlreich durchgeführt habe, bestätigte sich das.

Anstellgut verjüngen und verwerten

Backt man länger kein Brot, erhält man eine zu große Menge des Anstellguts, und es kann leicht passieren, dass das Glas überläuft. Ich empfehle, das Anstellgut bis auf einen Rest von ca. 100 g zu kompostieren oder zu verdünnen und damit Blumen zu gießen. Auch kulinarisch als Sauerteigsuppe lässt sich Anstellgut verwerten.

Immer wieder einen Teil zu kompostieren, ist auch deshalb wichtig, damit das Anstellgut fit bleibt und genügend Nahrung vorhanden ist. Ist das Glas fast voll, so reicht die Nahrung nicht für die gesamte Menge. Man kann sich das so vorstellen: Je größer die Menge an Anstellgut, desto knapper ist die verteilte Nahrung von 80 g Mehl, was bei größerer Anstellgutmenge einer Sauerteig-Unterernährung gleichkommt.

Was tun, wenn man drei Wochen im Urlaub ist?

Als Erstes das Anstellgut vor dem Urlaub noch füttern. Darauf achten, dass man etwas mehr Mehl als Wasser beimengt. Ist ein Anstellgut sehr flüssig, so vermehren sich die Mikroorganismen schneller. Nach drei Wochen kann es sein, dass das Anstellgut bereits sehr säuerlich, vielleicht sogar schon leicht nach Alkohol oder Lack zu riechen beginnt. Solange es aber nicht verdorben riecht, kann man es einfach verjüngen, also bis auf einen Rest entsorgen und frisch anfüttern.

Anstellgut unter guten und schlechten Lebensbedingungen

Aktives Anstellgut erkennt man daran, dass sich an der Oberfläche Bläschen bilden und sich durch das ganze Glas ziehen (Abb. links).

Wird ein Anstellgut längere Zeit nicht gefüttert, so setzt es oben Fusel ab und verdichtet sich (Abb. rechts).

Ein aktives Anstellgut erkennt man außerdem am Geruch: Es riecht leicht nach Essig mit einer fruchtigen Note. Wenn der Essiggeruch zu stark wird, bedeutet das nur, dass es zu lange zu kühl gelagert wurde, da sich die Essigsäure unter kühleren Bedingungen stärker vermehrt als die Milchsäure. Riecht es hingegen sehr stark nach Alkohol oder Lack, so ist ihm schon lange die Nahrung ausgegangen und es setzt sich oben eine dicke Schicht Alkohol ab. Aber auch hier kann man noch versuchen, das Anstellgut zu retten: Fusel abgießen, Anstellgut bis auf einen Rest entsorgen und ein paar Mal frisch anfüttern. Einzig bei Schimmel und einem ganz unangenehmen Geruch muss man das ganze Anstellgut kompostieren.

Ein besonderes Experiment

Selbst dieses Anstellgut (siehe Fotos unten), dem ich bei einem Experiment Extrembedingungen zugemutet habe, ist nicht gekippt. Nach dem Füttern stellte ich es in die Nähe des Hühnerstalls und ließ den Deckel offen. Es dauerte nicht lange, da schauten neugierige Hühnerdamen bereits nach, was sich in dem Glas befand. Sie verkosteten der Reihe nach. Dann stellte ich das Glas noch in die Nähe unserer Katzen, auch sie schnupperten in das Glas hinein. Anschließend wischte ich das Glas direkt nach der Gartenarbeit mit meinen Fingern ab. Ich verschloss es wieder, gab es nach ein paar Stunden in den Kühlschrank und wollte sehen, was sich nun für Schimmel auf dem Glas tummeln würde. Doch nichts dergleichen! Es roch Tage danach noch gleich frisch, fruchtig und leicht säuerlich.

Also keine Angst vor Sauerteig. Sauerteig ist ein lebendiges Ökosystem, das vorwiegend Nahrung, Feuchtigkeit und zeitweise Wärme benötigt.

Anstellgut auffrischen

Ganz wichtig:
(1) Einen Tag vor dem Backen das Anstellgut auffrischen. Dazu wie beim Füttern vorgehen. Wenn man öfter in der Woche Brot backt, ist das Auffrischen nicht notwendig.
(2) Frisch gefüttertes Anstellgut ist viel aktiver für das Ansetzen eines Sauerteiges.

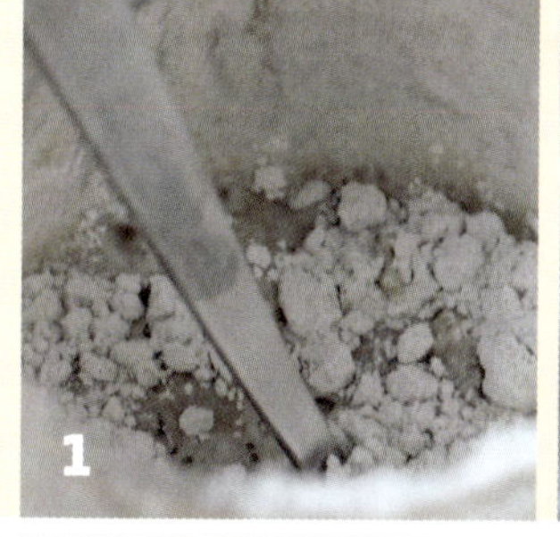

Anstellgut verwenden und Sauerteig ansetzen

Zum Ansetzen eines Sauerteigs das Glas Anstellgut aus dem Kühlschrank nehmen und **(3)** so viel davon in eine Schüssel geben, wie im jeweiligen Rezept angegeben ist. **(4)** Dann das Anstellgut mit Wasser und Mehl vermengen, verrühren, **(5)** bis keine Mehlreste mehr sichtbar sind, und abgedeckt im Warmen aufgehen lassen. Circa 8 Stunden später ist der reife Sauerteig entstanden. **(6)** Der Sauerteig ist fertig, wenn er etwa gut um das Doppelte aufgegangen und von unzähligen Bläschen durchzogen ist.

Die **Dauer** der **Gehzeit** ist vorwiegend von der Aktivität und Menge des Anstellguts, der Temperatur und der Beschaffenheit des Sauerteigs – fest oder sehr weich – abhängig.

Links Quellstück vor der Wasserzugabe, rechts nach dem Quellen

Ansetzen von Quellstücken

Die Einweichzeit von Quellstücken

Quellstücke sind Geschmackssache, da sie das Aroma eines Brots beeinflussen. Ein reines Roggensauerteigbrot, das nur mit Mehl, Wasser und Salz zubereitet wird, entfaltet einen ganz anderen Geschmack als eines, das mit einem Quellstück aus Saaten angereichert wird.
Gibt man Saaten zum Hauptteig, so entziehen sie dem Teig Flüssigkeit, da sie Wasser aufnehmen. Bei den Saaten ist es daher sehr wichtig, sie vor der Beigabe zum Sauerteig lange genug im Wasser quellen zu lassen, bevor man sie zum Teig gibt, damit sie Wasser speichern können. Die Feuchtigkeit können sie dann dem Brot wieder abgeben, wodurch es sehr lange frisch und saftig bleibt.

Eine grundlegende Frage ist natürlich: Wie lange müssen Quellstücke eingeweicht werden?

Aus praktischen Gründen setze ich die Quellstücke meistens gemeinsam mit dem Sauerteig an, da dies ein Arbeitsschritt ist. Der Sauerteig geht je nach Temperatur und Anstellgutmenge im Durchschnitt zwischen 8 und 12 Stunden.

In der Regel reicht eine Stunde Einweichzeit, wenn man die Saaten mit kochendem Wasser übergießt. Ein Quellstück kann aber auch ohne Weiteres zwölf Stunden aufquellen. Es sollte jedenfalls mindestens so lange quellen, bis das Wasser aufgesaugt ist.

Die Flüssigkeitsbindung von Quellstücken

Das oben abgebildete Quellstück besteht aus verschiedenen Flocken wie Hafer, Dinkel, Roggen und Gerste sowie aus Sonnenblumenkernen, Leinsamen, Haselnüssen und Wasser.

Für Quellstücke kann man die verschiedensten Flocken verwenden: Haferflocken, Dinkelflocken, Roggenflocken, Gerstenflocken usw.

Verschiedene Körner, Saaten und Nüsse: Leinsamen, Chiasamen, Flohsamen, Sesam, Sonnenblumenkerne, Kürbiskerne, Walnüsse, Mandeln, Haselnüsse usw.

Jedes geschrotete Getreide: Dinkel, Einkorn, Emmer, Roggen usw.

Der Unterschied bei den verwendeten Saaten besteht in der **Flüssigkeitsmenge,** die sie binden können.

Als grober Richtwert gilt:

- Nüsse, Sonnenblumenkerne, Sesam, Chiasamen oder Kürbiskerne nehmen etwa die Hälfte des Eigengewichts an Wasser auf.
- Bei Flocken ist es circa die gleiche Menge an Wasser und Flocken.
- Bei Leinsamen verwendet man das Eineinhalbfache an Wasser, das gebunden wird, und bei geschroteten Leinsamen die doppelte Wassermenge.
- Bei Flohsamen sollte man ganz sparsam sein. Flohsamen nehmen gut das Zehnfache und geschrotete Flohsamen circa das Zwanzigfache ihres Eigengewichts an Wasser auf.

Bei den Rezepten mit Quellstücken sollte man sich an die Angaben halten, weil die Brote sonst zu weich oder zu fest werden können.

Teigreife

Um ein perfektes Backergebnis zu erzielen, ist es wichtig, ein Gefühl für die Teigreife zu entwickeln. Wenn der Teig im Inneren durch die Arbeit der Mikroorganismen heranreift, sieht man mit ein wenig Übung von außen sehr deutlich, wann er für den nächsten Schritt bereit ist. Die Teigreife hängt von vielen Faktoren ab, sodass neben Zeitangaben die Aktivität und die Menge des Anstellguts, die Außentemperatur sowie die Teigfestigkeit eine maßgebliche Rolle spielen. Im Kapitel „Das Theoretische zuletzt" (ab S. 154) wird darauf noch näher eingegangen. Doch zunächst einmal zur Praxis:

Reife des Anstellguts

Ein für das Backen reifes, aktives Anstellgut erkennt man sehr leicht. Es weist, selbst wenn man es aus dem Kühlschrank nimmt, an der Oberfläche kleine Bläschen auf, riecht frisch, fruchtig und säuerlich.

(1) Wenn man das Anstellgut einen Tag vor der Verwendung füttert, ist es besonders aktiv. **(2)** Man erkennt das an der leichten Kuppel mit den kleinen Löchern und daran, dass sich die Menge knapp verdoppelt hat.

Reife des Sauerteigs

Die Teigreife des Sauerteigs hängt im Prinzip von der Aktivität des Anstellguts, der Teigfestigkeit und von den Temperaturen sowie der Zeit ab. Im Schnitt dauert die Reife zwischen 4 und 20 Stunden.

(3) reifer Dinkelsauerteig
(4) reifer Roggensauerteig
(5) reifer Einkornsauerteig
(6) reifer Waldstaudenroggensauerteig

3

4

5

1

2

6

Reife des Hauptteigs

Von einem Hauptteig spricht man, wenn alle Zutaten, inklusive Sauerteig und eventuell Quellstück, vermischt werden. Für die Reife des Hauptteigs ist die Gehzeit entscheidend. Diese hängt wiederum von der Aktivität des Anstellguts, der Konsistenz der Teige und von der Außentemperatur ab. Es ist sinnvoll, für den Hauptteig eine durchschnittliche Gehzeit von zwei Stunden einzuplanen. Aus Erfahrung kann es im Hochsommer bei über dreißig Grad und einem sehr aktiven Anstellgut auch sein, dass der Hauptteig nach einer Stunde bereits reif ist.

Der richtige Zeitpunkt ist für einen ausgewogenen Brotgeschmack wesentlich. Bei Roggenbroten und bei Broten mit weichen Teigen sieht man die Reife des Hauptteigs am besten an der Oberfläche und dem Volumen. Ein reifer Teig hat sich um knapp die Hälfte vergrößert. Die Oberfläche eines reifen Roggenteigs ist von zahlreichen Rissen durchzogen, in denen unzählige Löcher hervorstechen. Bei Weizenteigen aus Einkorn, Dinkel, Emmer oder Kamut sind die Risse feiner und die Löcher etwas zarter.

Weizenteig: der Fingertest für die Teigreife
Beim Fingertest, der nur bei festen Weizenteigen anzuwenden ist, drückt man den Finger gut 1 cm in den Teigling und sieht, was passiert: Bei einem optimal gegangenen Teig bewegt sich der Abdruck nur ein kleines bisschen zurück zu seiner Ausgangsposition. Bleibt der Abdruck im Teig, so wurde die Reifezeit überschritten (Übergare). Wenn der Abdruck ganz an die Ausgangsstelle zurückkehrt, so ist der Teig noch nicht reif und muss noch weiter gehen. Bei Roggenteigen und sehr weichen Teigen funktioniert dieser Test nicht. Als Faustregel kann man sich aber merken, dass Roggenteige in der Regel schneller reifen als Weizenteige.

Teigbearbeitungen

Teige bearbeite ich ausschließlich händisch. Weichere Teige werden mit der Gabel verrührt und festere, wie Pizzateige, mit zwei Teigkarten oder mit dem Handballen geknetet. Alternativ kann man auch eine Küchenmaschine oder den Handmixer verwenden. Zum Verrühren und Kneten benötige ich bei Roggenteigen etwa 1–2 Minuten, bei Weizenteigen aus Getreiden wie Einkorn, Emmer oder Dinkel circa 2–4 Minuten und bei Sauerteigfladenteigen gut 5 Minuten.

Weiche Teige verrühren

(Bilder links 1–4) Alle Roggenteige und sehr weiche Weizenteige werden so lange mit der Gabel verrührt, bis keine Mehlreste mehr sichtbar sind. Das dauert gut eine Minute und reicht völlig aus, um wirklich gutes Brot zu machen.

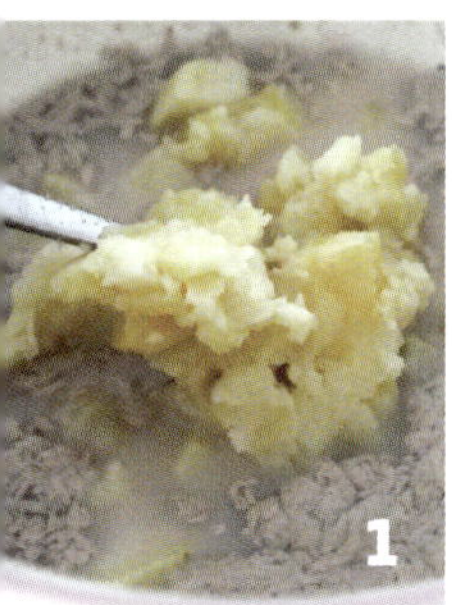

Mittlere Teige aufziehen

(Bilder rechts 1–7) Mittlere weizenlastige Teige werden ebenfalls mit der Gabel verrührt, ja fast geschlagen, bis der Teig eine gewisse Elastizität bekommt und sich mit der Teigkarte leicht vom Schüsselrand lösen lässt.

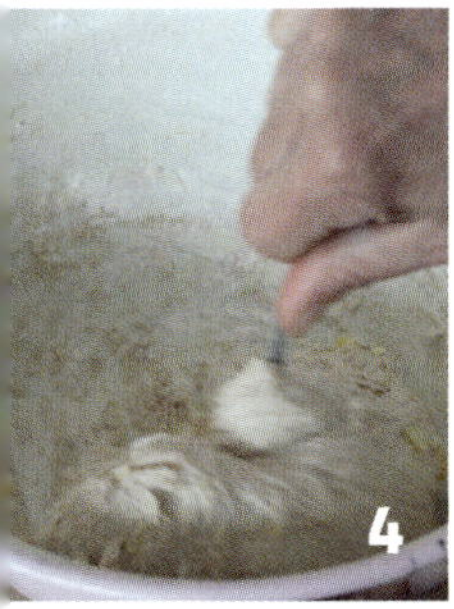

Feste Teige für Fladen mit Teigkarten kneten

(Bilder links 1–7) Festere Teige, die sich nur schwer mit der Gabel verrühren oder schlagen lassen, kann man sehr einfach mit zwei Teigkarten durchkneten. Man verwendet dabei die Teigkarten ganz ähnlich wie den Handballen: Man hebt mit den Teigkarten den Teig an, drückt ihn in die Mitte und wiederholt den Vorgang. Die Knetdauer beträgt circa fünf Minuten. Feste Teige werden bei der Weiterverarbeitung weder geformt noch rundgewirkt, sondern portioniert und zu Fladen ausgerollt, wie auf der Seite 141 beschrieben ist.

1

2

3

4

5

6

7

Feste Teige für Fladen mit dem Handballen kneten

(Bilder rechts 1–7) Bei dieser Methode die Zutaten des Teiges nur kurz in der Schüssel verrühren und ein paar Mal mit der Teigkarte kneten, sodass der Teig nicht mehr klebt. Dann den Teig auf die Arbeitsfläche kippen und mit den Handballen von sich wegdrücken. Diese Bewegung gut fünf Minuten ausführen, bis der Teig geschmeidig und dehnbar ist.

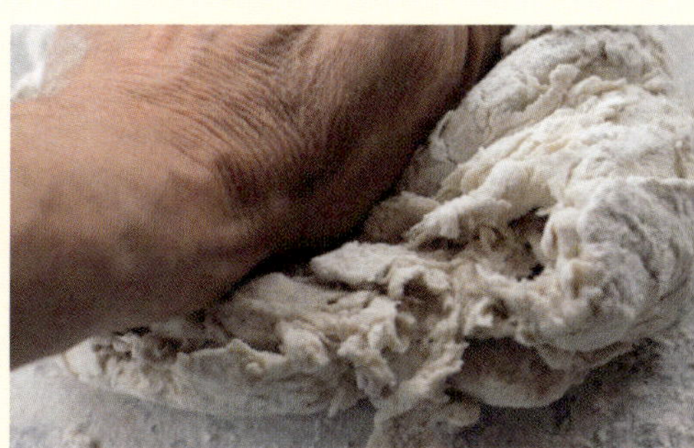

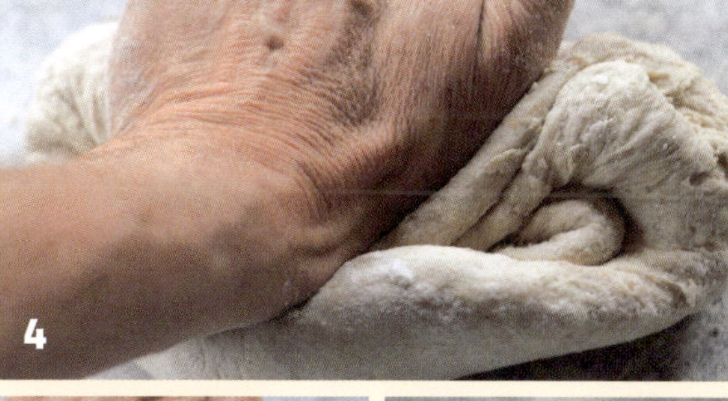

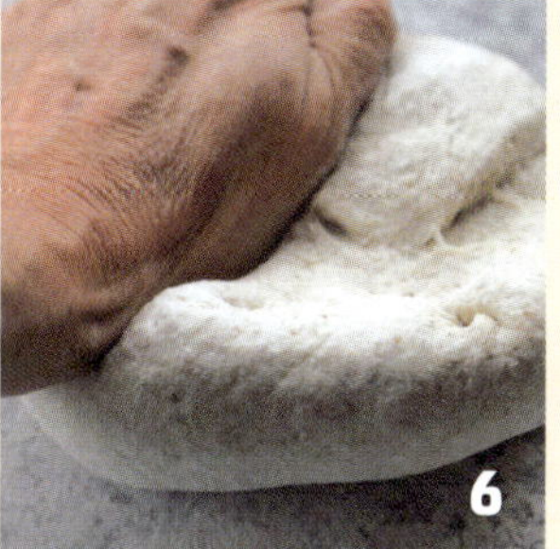

Teige schonend formen oder rundwirken

Das Formen der Teige ist mit ein paar Handgriffen erledigt und nimmt mit ein klein wenig Übung circa 1–2 Minuten in Anspruch.

Roggenteige werden auf die Arbeitsfläche gekippt und mit gut eingemehlten Händen schonend geformt.
Weizenteige formt man entweder auf dieselbe Weise oder sie werden mit gut eingemehlten Händen rundgewirkt.

1

Teige schonend formen

(Bilder links 1–7) Den Teigling auf die gut bemehlte Arbeitsfläche geben. Die Hände sehr gut einmehlen und den Teig mit beiden Händen vorsichtig zusammenschieben und dadurch formen. Das ist alles!

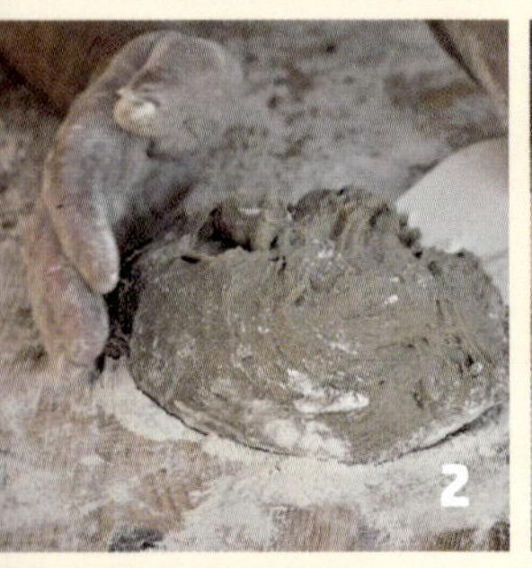
2

3

4

5

6

7

Teige rundwirken

(Bilder rechts 1–7) Den Teig auf eine bemehlte Arbeitsfläche geben. Den Teigling flach drücken, zur Mitte einschlagen, um 90 Grad drehen und wieder einschlagen, bis der Teig straff ist. Auch hier ist wichtig, dass auf der Arbeitsfläche und an den Händen immer etwas Mehl ist, damit der Teig nicht an den Fingern klebt.

Schluss oben oder unten?

Nach dem Rundwirken gilt es noch zu entscheiden, wo der Schluss – also die Nahtstelle des Teiglings – liegen soll. Ist der Schluss im Simperl unten, so reißt es, wenn man es in den Topf kippt, auf ganz natürliche Art stark auf. Ich lasse fast alle Brote, bei denen der Teig sehr weich ist, im Simperl mit Teigschluss oben aufgehen, da die Brote beim Backen trotzdem noch etwas aufreißen. Will man Brote einschneiden, so ist es naheliegend, den Teig mit Teigschluss oben ins Simperl zu legen und ihn etwas fester zu machen.

Schluss unten im Simperl

Schluss oben im Simperl

Meine Backmethoden: Topf- und Kastenbrote

Topfbrote

Nachdem der Sauerteig aufgegangen ist, wird er mit dem Hauptteig verrührt und sofort weiterverarbeitet. Verrührt werden die Teige mit der Hand. Roggenteige so lange, bis keine Mehlreste mehr sichtbar sind, und Weizenteige wie Dinkel, Einkorn und Emmer ein paar Minuten (S. 25). Man kann die Hauptteige auch mit einer Küchenmaschine oder einem einfachen Handmixer verrühren. Anschließend geht es ans Formen der Topfbrote. Je nach Teig empfiehlt sich entweder ein schonendes Zusammenschieben des Teigs oder das sogenannte Rundwirken. Beide Methoden werden ebenfalls auf S. 52/53 detailliert erklärt.

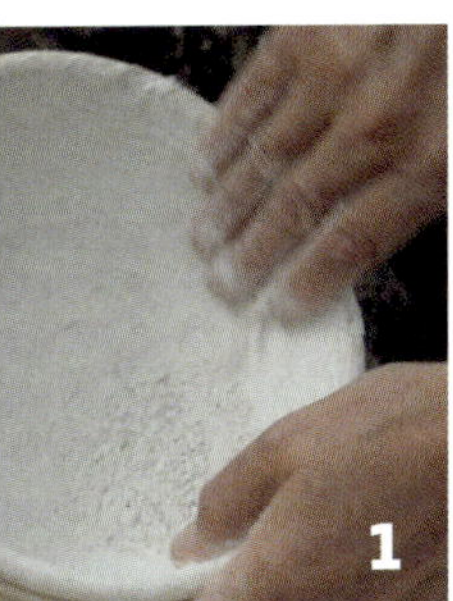

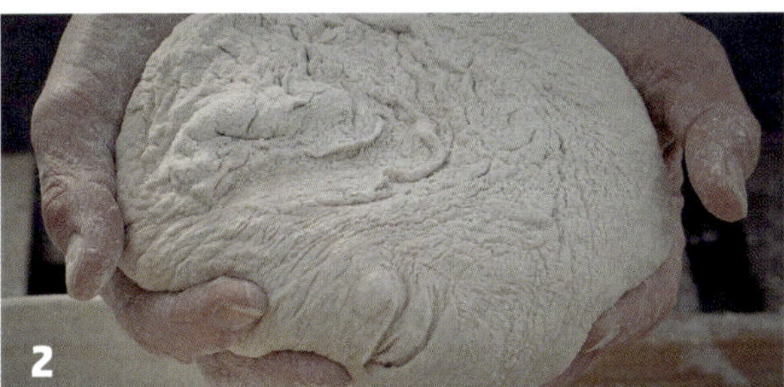

Backen von Topfbroten

(1) Mit den Händen Mehl fest in die Rillen des Simperls streichen. Das ist wichtig, damit der Teigling beim Aufgehen nicht kleben bleibt. **(2, 3)** Den fertigen Teigling nehmen und vorsichtig in das Simperl legen. Nun das Simperl – zum Aufgehen des Teiglings – für circa 2 Stunden an einen warmen Ort stellen. **(4)** Den fertig aufgegangenen Teigling erkennt man bei Roggenteigen ganz einfach an der rissigen Oberfläche, die von kleinen Löchern durchzogen ist. Bei Weizenteigen wie Dinkel, Emmer, Einkorn oder Kamut ist der Teigling ebenfalls gewölbt, er weist aber feine Risse und zarte Löcher auf. Diese sind nicht so gut sichtbar wie bei Roggen, bei dem stärkere Risse und grobporigere Löcher zu sehen sind.

Nachdem der Teig im Simperl aufgegangen ist, müssen die Brote nur mehr gebacken werden. Das Backen von Topfbroten hat den Vorteil, dass sie unglaublich saftig werden, gut aufgehen und eine unnachahmliche Kruste aufweisen. Da bei Topfbroten die entweichende Feuchtigkeit teilweise im Topf bleibt, bleibt die Teighaut elastischer und der Teigling kann sich bestmöglich ausdehnen und aufgehen.

(5, 6) Ist der Teigling gut aufgegangen, kippt man ihn direkt aus dem Simperl in den heißen Topf, **(7, 8)** gibt den Deckel drauf und schiebt ihn in den Ofen. Wenn der Topf wirklich heiß ist, braucht man ihn weder einzufetten noch einzumehlen! Daher den Backofen mit Topf und Deckel circa eine halbe Stunde auf 240 Grad Ober- und Unterhitze vorheizen. **(9)** Den heißen Topf mit Deckel in den vorgeheizten Backofen stellen und backen:

Kleines Brot: ca. 50 Minuten
Mittleres Brot: ca. 55 Minuten
Großes Brot: ca. 60 Minuten

Backzeiten und Temperaturen sind variabel, da die meisten Öfen trotz Temperatureinstellung unterschiedlich heiß werden.

Auf dem Bild **(10)** ist der Ofentrieb sehr gut zu erkennen. Da der Teigling in einem Topf ist, kann er sich durch die entweichende Feuchtigkeit sehr gut ausdehnen. **(11)** Nach halber Backzeit das Brot aus dem Topf nehmen und freischwebend auf einem Backblech oder Pizzastein fertigbacken, dann bekommt es eine besonders resche Kruste. **(12)** Gegen Ende der Backzeit kann man das Brot mit Alufolie bedecken, damit die Kruste nicht verbrennt. **(13)** Um festzustellen, ob ein Brot fertig ist, eignet sich der Klopftest. Klingt der Laib hohl, wenn man mit dem Zeigefinger dagegen klopft, so ist er gar. Nun das Brot schräg gestellt oder auf einem Gitter auskühlen lassen, damit sich durch die entweichende Hitze keine Feuchtigkeit bildet.

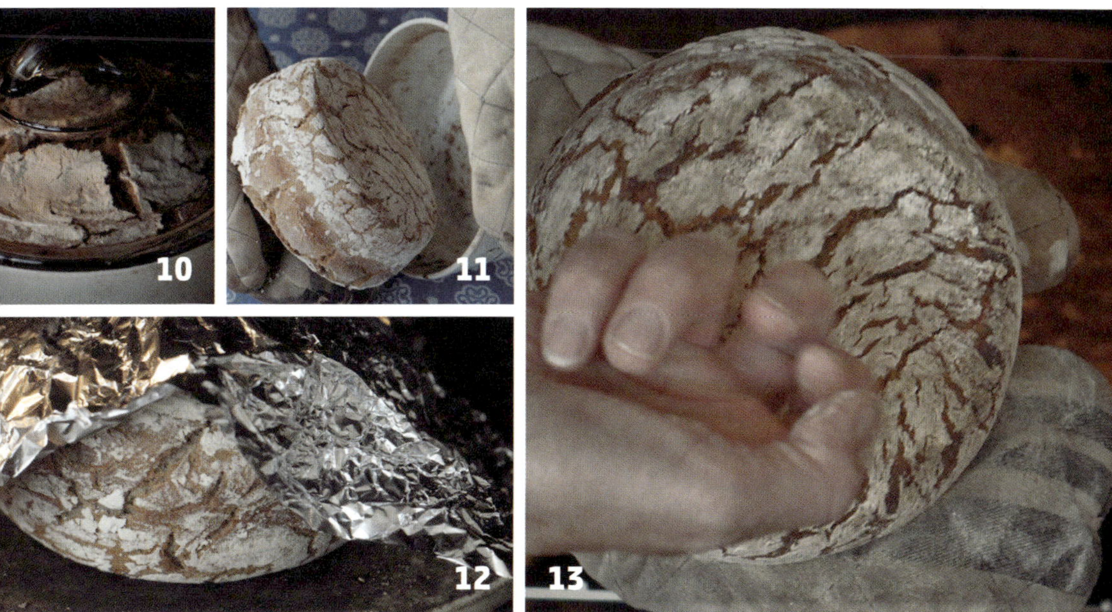

Kastenbrote

Nachdem der Sauerteig aufgegangen ist, wird er mit dem Hauptteig verrührt und sofort weiterverarbeitet. Zwischen Roggen- und Weizenteigen gibt es hier keinen grundsätzlichen Unterschied bei der Verarbeitung.

Backen von Kastenbroten

(1, 2) Unmittelbar nach dem Verrühren wird der Teig in die gut eingefettete Kastenform geleert. **(3)** Wichtig ist, ihn mit nassen Händen wirklich gut und fest glatt zu streichen und anzudrücken. Anschließend eventuell mit Saaten belegen (z. B. Leinsamen oder Kürbiskernen) und abgedeckt zum Aufgehen circa 2 Stunden an einen warmen Ort bei 20–30 Grad stellen. **(4)** Damit das Brot nicht seitlich an ungewollten Stellen aufreißt, sollte man den Teig entweder kurz bevor man den Kasten in den Ofen schiebt noch einschneiden oder, wie es auf diesem Bild zu sehen ist, ihn vor dem Aufgehen nicht zaghaft mit einer Teigkarte eindrücken. **(5)** Nach dem Aufgehen sieht man das Muster ganz klar und zugleich erkennt man den reifen Teigling, wie er gewölbt und von kleinen, gut erkennbaren Löchern durchzogen ist.

Den Kasten in den vorgeheizten Ofen schieben und schwaden. Schwaden bedeutet, beim Backen für ausreichend Dampf zu sorgen, indem man eine Espressotasse oder ein Stamperl Wasser in den Ofen auf den Boden gießt und diesen wieder schließt. Nach circa 10 Minuten die Ofentür kurz öffnen und den Restdampf entweichen lassen. **(6)** Ungefähr nach der Hälfte der Backzeit das Brot aus der Kastenform nehmen und freischwebend fertigbacken. **(7)** Gegen Ende der Backzeit bei Bedarf mit Alufolie abdecken, damit es nicht zu sehr bräunt.

5

6

7

Auf einen Blick: Grundsätzliches, damit Topf- und Kastenbrote gelingen

Das Wichtigste für ein gelingendes Sauerteigbrot ist ein aktives Anstellgut. Ist das Anstellgut aktiv und frisch gefüttert, gleicht es viele Brotfehler wieder aus.

Für Topfbrote

- Ofen, Topf und Deckel aufheizen, da der Teig am heißen Topf nicht klebt!
- Der Deckel muss nach dem Reinschieben wieder auf den Topf gesetzt werden, damit der Dampf nicht entweichen kann. Dadurch dehnt sich das Brot gut aus und wird sehr saftig.
- Nach halber Backzeit das Brot aus dem Topf nehmen und freischwebend fertigbacken, damit es eine resche Kruste bekommt.

Für Kastenbrote

- Beschichteten Kasten gut einfetten, damit der Teig nicht klebt.
- Den Teig hineinfüllen und mit nassen Händen andrücken, eventuell mit Saaten belegen und Muster hineindrücken. Den Teig im Kasten beim Gehen mit Folie abdecken, damit er oben nicht antrocknet.
- Den Teig vor dem Hineinschieben eventuell noch mit Wasser besprühen und mit einem scharfen Messer die eingedrückten Stellen nachschneiden, damit das Brot nicht an ungewollten Stellen aufreißt.
- Nach etwa der halben Backzeit das Brot aus dem Kasten nehmen und freischwebend fertigbacken.

Bei beiden Varianten gilt:

Auf die Teigreife achten. Den Kasten erst in den Ofen schieben bzw. den Teig erst aus dem Simperl in den heißen Topf kippen, wenn der Teig sichtbar reif ist. Zur Teigreife siehe Seite 46.

Anstellgut füttern
(ca. 1–2 Min.)

am Vorabend

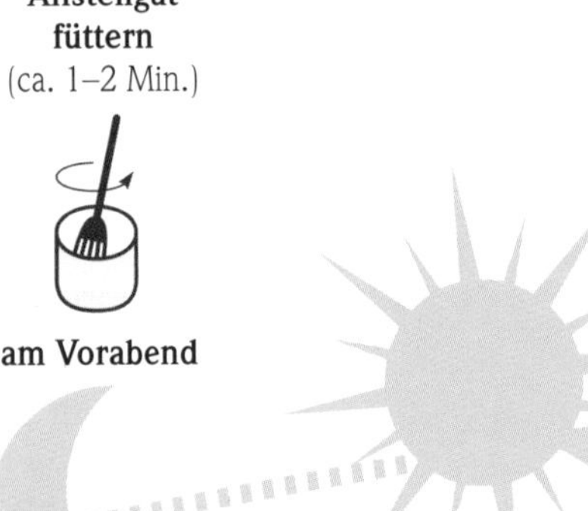

Sauerteig mischen & verrühren
(ca. 1–2 Min.)

ca. um 07:00

Meine Backroutine

Teig aufgehen lassen (ca. 8–10 h)
(Brotbackteam bei der Arbeit)

Flexibles Brotbacken

Grundsätzliche Richtwerte

Brotbacken mit Sauerteig kann wirklich sehr flexibel gestaltet werden. Der Sauerteig kann nicht nur zwischen 4 und 20 Stunden gehen, auch die Rezepte erfordern kaum effektive Arbeitszeit. Der eigentliche Arbeitsaufwand beträgt gut 5–10 Minuten. Zudem fallen bei meinen Broten, wie schon erwähnt, zahlreiche Zwischenschritte, wie Dehnen und Falten des Teigs oder Stück- und Stockgare, weg. Bei Zimmertemperatur und etwa 80 g Anstellgut für einen eher weichen Teig reichen somit acht Stunden für den Sauerteig völlig aus. Diesen Richtwert kann man an den eigenen Alltag anpassen, indem man die Menge des Anstellguts und die Temperatur variiert. Wenn man weniger Anstellgut verwendet, den Teig fester führt und im Kühlen gehen lässt, kann der Teig ohne Weiteres 20 Stunden reifen. Hat man weniger Zeit zur Verfügung, kann man die Anstellgutmenge auch etwas erhöhen und den Sauerteig bei warmen Sommernächten um die 28–32 Grad gehen lassen. Unter diesen Bedingungen ist der Sauerteig nach circa 4 Stunden bereit für die Weiterverarbeitung.

Ganz pragmatisch betrachtet hat mich der Alltag mit seinen zahlreichen Terminen zum flexiblen Backen geführt. Obwohl ich wirklich leidenschaftlich Brot backe, sollte sich das Backen meinem Alltag anpassen und nicht umgekehrt.

Dadurch habe ich für mich folgende Routine entwickelt:

Am Abend vor dem Backen füttere ich mein Anstellgut und stelle es wieder in den Kühlschrank. Als Frühaufsteher setze ich den Sauerteig meist so gegen 7 Uhr an. Dazu nehme ich das Anstellgut aus dem Kühlschrank und vermische es nach den Rezeptangaben mit Mehl und Wasser. Diesen Brei verrühre ich knapp eineinhalb Minuten, decke ihn ab und lasse ihn bei Zimmertemperatur reifen. Meistens verrühre ich dann abends, so zwischen 17 und 19 Uhr, den Hauptteig und fülle ihn entweder in einen Kasten oder forme ihn kurz und lege ihn in ein Simperl. Im Winter stelle ich das Simperl oder den Kasten bei mäßiger Hitze auf einen Heizkörper, während im Sommer die Zimmertemperatur völlig ausreicht. Nach knapp zwei Stunden überprüfe ich die Teigreife. Ist der Teig genug gegangen, so kommt er entweder in den heißen Topf oder der Kasten wird in den vorgeheizten Ofen geschoben.

Hauptteig verrühren & formen
(ca. 2–4 Min.)

zw. 17:00 und 19:00

Teig aufgehen lassen (ca. 2 h)
(Brotbackteam bei der Arbeit)

Teigling im Topf oder Kasten
(ca. 1 h backen)

zw. 19:00 und 21:00

Sauerteig und seine Toleranzgrenzen

Durch sehr viele Experimente habe ich die Toleranzgrenze von Sauerteig ausgetestet. Ein Sauerteig geht auf, wölbt sich nach oben und ist von kleinen Löchern durchzogen. Wenn ihm die Nahrung ausgeht, beginnt er wieder in sich zusammenzufallen, was als „abgefressen“ bezeichnet wird. Selbst wenn der Sauerteig leicht über der Grenze ist, das heißt, dass er über 20 Stunden gestanden ist und schon einzufallen beginnt, ist noch nichts verloren. Wenn er frisch gefüttert wird, geht er wieder auf. Der Hauptteig ist aus der Sicht der Mikroorganismen nichts anderes als eine willkommene Fütterung! Das wird kaum gesehen, denn wer denkt schon aus der Perspektive der Mikroorganismen? Selbst wenn die Fütterung spät kommt, gelangt der Sauerteig wieder zu Kräften und stemmt den Hauptteig in die Höhe. Wir essen ja auch nicht immer um Punkt zwölf!

Flexibles Backen ist selbstverständlich Erfahrungssache, bei der die Teigbeobachtung das Um und Auf ist. Auch bei mir kommt es vor, dass ich davon ausgehe, dass bei diesen und jenen Temperaturen und einer bestimmten Menge an Anstellgut die Teigreife so und so lange dauern sollte, aber das stimmt nicht immer. Manchmal benötigt der Sauerteig einfach ein bisschen mehr Zeit, als ich es aufgrund meiner Erfahrungen erwartet hätte.

Dies lässt sich mit einem Blick durch das Mikroskop erklären: In den USA fand eine Volkszählung der besonderen Art statt. In San Francisco wurden Sauerteigkulturen untersucht, und man fand heraus, dass sich in einem Sauerteig verschiedenste Kleinstlebewesen tummeln. Dieser „Brei“ ist im Grunde ein hochkomplexes Ökosystem, das im Gegensatz zu Zuchthefen – wie Trockenhefen und Würfel –, die nur aus einem einzigen Pilzstamm bestehen, einen ganzen Zoo an wilden Gesellen beherbergt. Etwa zwanzig verschiedene Hefen und unterschiedliche Milchsäurebakterien leben in einem Sauerteig in einer Art Symbiose. Um sich eine Vorstellung zu machen: Von den säuretoleranten Hefepilzen und den Milchsäurebakterien existieren rund zehn Millionen in einem einzigen Gramm aktiven Sauerteigs! Hefepilz und Bakterien sind in dieser Symbiose wie füreinander geschaffen. Da sich beide von unterschiedlichen Zuckerarten ernähren, kommen sie nicht in die Verlegenheit, um Nahrung konkurrieren zu müssen. Selbst wenn Hefezellen absterben, zerfallen sie zu Stoffen, die die Milchsäurebakterien für das eigene Wachstum brauchen. Sind sie einmal aufeinander eingespielt, so kann eine Kultur sehr lange überleben, vorausgesetzt, wir sorgen für eine artgerechte Haltung und vergessen nicht darauf, sie zu füttern. Aber manchmal gibt es selbst in diesem fast perfekt funktionierenden Ökosystem Irritationen und die Arbeitsabläufe geraten etwas durcheinander. Daher ist es so wichtig, immer auch auf die tatsächliche Teigreife zu achten und sich nicht nur auf Zeitangaben in Rezepten zu verlassen.

Die Anstellgutmenge zur Beeinflussung der Teigsteuerung

Im Durchschnitt verwende ich für ein Kilo Brot circa 80 g Anstellgut. Keinesfalls braucht man für die Menge des Anstellguts eine exakte Grammwaage, da Rezepte mit 72,5 g Anstellgut für ein Kilo Brot völlig überzogen sind. Die Mikroorganismen vermehren sich exponentiell und sind stark beeinflussbar durch Nahrungszufuhr, Temperatur und Teigbeschaffenheit.

Kühlere Temperaturen

Bei gut 20 Grad und einer Gehzeit von 8–10 Stunden verwende ich auf ein Kilo Brot ungefähr 80 g Anstellgut.

Sehr warme Temperaturen

Bei hochsommerlichen Temperaturen zwischen 25 und 35 Grad und einer Gehzeit von 8–10 Stunden verwende ich für ein Kilo Brot circa 20 g Anstellgut.

Lange Gehzeiten

Sollte das Brot aus Zeiterfordernissen länger gehen, so um die 18–20 Stunden, verwende ich bei gut 20 Grad ebenfalls nur circa 20 g Anstellgut für ein Kilo Brot.

Kurze Gehzeiten

Sollte ein Brot aus Zeiterfordernissen mal sehr schnell gehen, so verwende ich für ein Kilo Brot etwas mehr Anstellgut, circa 100–140 g, und achte auf Temperaturen zwischen 25 und 32 Grad. Mit dieser Methode kann ein Sauerteig auch in circa vier Stunden reifen.

Weiche und festere Teige

Zusätzlich kann man noch Einfluss auf die Gehzeit nehmen: Wenn man für lange Gehzeiten den Sauerteig etwas fester und für kurze Gehzeiten den Teig weicher macht, verzögert oder beschleunigt man den Reifeprozess ebenfalls.

Temperatur, Teigfestigkeit, Teigsteuerung und der Geschmack

Diese einfache Tabelle dient einer weiteren Orientierung zum flexiblen Backen, wobei man durch die Temperatur noch zusätzlich einen Einfluss auf den Geschmack des Sauerteigbrots nehmen kann.

Kürzere Stehzeiten erfordern warme und weiche Teige.	**Lange Stehzeiten vertragen kühlere Temperaturen und festere Teige.**
Bei kürzeren Stehzeiten sollten sich die Kleinlebewesen schneller vermehren, damit der Teig rechtzeitig reif wird.	Bei längeren Stehzeiten sollten sich die Kleinlebewesen nicht zu schnell vermehren, sonst ist der Teig überreif, d. h. abgefressen.
Warme Temperaturen Diese führen zu einer schnelleren Vermehrung der Kleinlebewesen. In warmen Teigen über 30 Grad wird besonders die CO_2-Bildung angeregt.	**Kühle Temperaturen** Diese führen zu einer Verlangsamung der Kleinlebewesen.
Mildes Brot Warme Temperaturen unterstützen die Bildung von Milchsäure, was zu einem milderen Brot führt.	**Säuerliches Brot** Bei niederen Temperaturen unter 20 Grad bilden sich vermehrt Essigsäuren, was zu einem saureren Brot führt.
Weiche Teige In weichen Teigen vermehren sich die Kleinlebewesen wesentlich schneller.	**Festere Teige** Sie verlangsamen die Vermehrung von Kleinlebewesen.
Handhabung Weiche Teige sind einfacher zu verrühren, aber etwas schwerer zu formen.	**Handhabung** Feste Teige sind nur mehr schwer mit einer Gabel zu verrühren, aber dafür leichter zu formen.
Teigführung Warme und weiche Teige können daher kurz geführt werden.	**Teigführung** Kühlere und festere Teige können daher lang geführt werden.
Mehr Anstellgut Bei kurz geführten Teigen ist es hilfreich, eine größere Menge an Anstellgut zu verwenden, damit der Teig auch zeitgerecht reif wird.	**Wenig Anstellgut** Um bei lang geführten Teigen der Überreife entgegenzuwirken, sollte eine sehr geringe Menge an Anstellgut verwendet werden.

Die wichtigsten Kurzhinweise für Anfänger & Fortgeschrittene

Diese kurzen Hinweise sind eine kleine Zusammenfassung aus jahrelangen Erfahrungswerten über das Brotbacken mit Sauerteig. Gerade beim Brotbacken trifft man oft auf eine Haltung der „Expertokratie", in der aus den einmal gewonnenen und verfestigten Erfahrungen heraus etwas so gemacht wird, wie es eben gemacht wird, ohne es zu hinterfragen und nach neuen, vielleicht viel, viel einfacheren, kreativeren Möglichkeiten Ausschau zu halten.

Das Um und Auf sind daher ein wacher Anfängergeist, Leidenschaft für das Backen, Freude am Experimentieren und Nachsichtigkeit bei Fehlern.

- Das Anstellgut einen Tag vor dem Backen frisch anfüttern. Das heißt konkret: Das Anstellgut aus dem Kühlschrank nehmen, mit circa 80 g Roggenvollkornmehl und 100 ml lauwarmem Wasser verrühren, 1–2 Stunden (je nach Temperatur) im Warmen stehen lassen und wieder in den Kühlschrank stellen.

- Den Sauerteig wirklich nur so lange verrühren, bis keine Mehlreste mehr sichtbar sind.

- Bei Mengenangaben kommt es keineswegs auf Genauigkeit an. Ein paar Gramm auf oder ab sind nicht entscheidend für ein gutes Brot! Ebenfalls genügt es, einfach lauwarmes Wasser zu verwenden. Genaue Angaben wie 28 Grad für Schüttwasser sind nicht notwendig.

- Oft wird gesagt, dass frisch gemahlenes Getreide viel weniger Wasser bindet als gekauftes. Zahlreiche Experimente zeigten mir jedoch, dass es nicht nur am frisch gemahlenen Getreide liegt. Meist besteht der Grund dafür darin, dass der Mahlgrad bei selbst gemahlenem Getreide etwas weniger fein ist. Je gröber ein Getreide vermahlen ist, desto weniger Wasser kann es binden. Daher bei frisch gemahlenem Getreide, je nach Mühle und Feinheitsgrad, etwa 10 Prozent weniger Wasser verwenden.

- Für Experimentierfreudige: Wenn man statt Vollkornmehl Auszugsmehl nimmt, dann die Wassermenge einfach um ca. 5–10 Prozent reduzieren. Das volle Korn bindet nämlich mehr Wasser. Meine Teige kann man etwas fester machen, aber kaum weicher, da sie bereits an der oberen Grenze der Teigausbeute sind.

- Beim Verrühren des Hauptteigs von Roggenteigen reichen 1–2 Minuten. Weizenteige aus Dinkel, Emmer oder Einkorn 3–6 Minuten verrühren. Gut verrührte Weizenteige lassen sich leichter und besser rundwirken, da sie dehnbarer und elastischer sind. Wem es mit der Gabel zu anstrengend ist, kann einen kleinen Handmixer oder eine Küchenmaschine verwenden.

- Den Hauptteig auf eine gut bemehlte Arbeitsfläche geben und die Hände ebenfalls kräftig einmehlen! Dann den Teig – etwa bei Roggenbroten – nur schonend zusammenschieben und in ein Simperl legen. Roggenteige und roggenlastige Teige werden nur mit den Händen schonend geformt, während weizenlastige Teige meist rundgewirkt werden. Dazu einfach das entsprechende, gut bebilderte Kapitel über Teigbearbeitung durchgehen (S. 48). Mit ein wenig Übung erfasst man schnell den Unterschied in der Handhabung und Bearbeitung von roggen- und weizenlastigen Teigen.

- Das Simperl wirklich kräftig einmehlen, damit der Teigling nicht am Rand kleben bleibt.

- Wenn der Teig im Simperl gelandet ist, die Teigreife beobachten. Im Sommer bei 32 Grad braucht der Teig gut eine Stunde, bis er sich sichtlich vergrößert hat und von Rissen und Löchern durchzogen ist, während er bei kühleren 20 Grad auch knapp 2 Stunden

benötigen kann. Wichtig dabei: Im Sommer kann die Fensterbank zu heiß sein! Bei über 40 Grad in der Sonne sterben die Mikroorganismen ab und der Teig geht nicht mehr auf. Ist es zu kalt – unter 20 Grad –, braucht der Teig länger, bis er zur Reife gelangt, und das Brot wird saurer im Geschmack. Die Teigreife beeinflusst auch das Backergebnis: Ist der Teig nicht reif oder bereits überreif, so wird das Brot nicht richtig fluffig!

- Grundsätzlich kann man alle Brote mit Saaten bestreuen. Bei Kastenbroten werden die Saaten nach dem Reinfüllen auf den Teig gestreut. Da der Teig erst aufgeht, bleiben sie danach sehr gut am Teig haften. Bei Topfbroten werden die Saaten erst auf den Teig gestreut, wenn dieser schon im heißen Topf gelandet ist. Damit die Saaten am Teig kleben bleiben, den Teigling im Vorhinein gut mit einer Sprühflasche mit Wasser einsprühen.

- Bei Topfbroten: Topf und Deckel mindestens 20 Minuten vorheizen, dann kann man problemlos den feuchten Teigling in den heißen Topf kippen, ohne dass etwas kleben bleibt. Dabei immer gute Ofenhandschuhe verwenden!

- Da Öfen trotz Temperaturangaben in der Realität oft sehr unterschiedlich heiß werden, sollte man bei Topfbroten nach der angegebenen Backzeit immer den Klopftest durchführen (siehe S. 57). Mit ein wenig Erfahrung hat man das schnell im Gespür.

- Wird das Brot gegen Ende der Backzeit zu dunkel, kann man es mit einem Stück Alufolie abdecken.

- Sollte das Anstellgut wirklich erst ganz frisch angesetzt sein, so kann man die ersten paar Male circa zwei Gramm Hefe zum Hauptteig geben. Dazu das Wasser für den Hauptteig mit Hefe vermischen und den Teig verrühren. Frisches Anstellgut ist in der Regel weniger aktiv als ein altes.

- In jedes Brot kann man verschiedene Nüsse oder Gewürze wie Anis und Kümmel geben. Allerdings ist es nicht zu empfehlen, dem Teig Saaten wie Leinsamen oder Flohsamen direkt unterzumengen. Saaten müssen immer in Quellstücken angesetzt werden. Auf diese Weise nehmen sie Flüssigkeit auf, die sie dem Brot beim Backen wieder abgeben, und lassen es nicht austrocknen. Ich weiche die Saaten aus praktischen Gründen zeitgleich mit dem Ansetzen des Sauerteigs ein und lasse sie circa acht Stunden quellen. In der Regel genügen aber 1–2 Stunden. Übergießt man die Saaten mit kochendem Wasser, geht's natürlich noch etwas schneller.

- Angehenden Backprofis empfehle ich immer, ein Brot mehrere Male zu backen, damit man ein Gespür für den Teig bekommt. Auf diese Weise lässt sich auch hervorragend experimentieren: Was passiert etwa, wenn man Mehlsorten austauscht oder dem Teig Nüsse beimengt?

- Was tun, wenn der Hauptteig nicht aufgeht? Wenn der Hauptteig nicht aufgeht, liegt das Problem schon beim Sauerteig (außer der Hauptteig im Kasten oder Simperl steht in der Sonne). Dass der Sauerteig nicht aktiv ist, erkennt man leicht daran, dass er nach einer Gehzeit von acht Stunden noch immer beinahe dieselbe Größe hat wie zuvor. Ein aktiver Sauerteig geht mindestens um ein Drittel auf, wölbt sich leicht nach oben und ist an der Oberfläche von kleinen Löchern übersät. Ist dies nach acht Stunden nicht der Fall, so kann man ganz einfach beim Hauptteig ca. 3 g Hefe hinzugeben und ein helles Brot aus Mehlsorten wie Dinkel, Emmer oder Einkorn wird im Simperl oder Kasten noch aufgehen. Dies funktioniert auch bei Mischbroten aus Roggen und Weizensorten wie Dinkel, Emmer und Einkorn. Bei reinen Roggenbroten geht dies nicht, da sie einen aktiven Sauerteig brauchen. Werden Sauerteig und Hauptteig in zwei Schritten angesetzt, ist dies möglich. Bei der Alles-auf-einmal-Methode geht es nicht.

Rezepte

Bei vielen Rezepten gibt es kleine, mittlere und große Brote, ein Singlebrot, ein mittleres Brot für gängige Zweier-Haushalte und ein Familienbrot, sodass für jede und jeden die richtige Größe dabei ist.

Bei Topfbroten finden sich drei Varianten und bei Kastenbroten zwei. Berücksichtigt man die Angaben, für welche Topf- und Kastengröße die einzelnen Brote konzipiert sind, so erhält man dementsprechend ausgewogene Brotformen. Macht man ein kleines Brot in einem zu großen Topf, so wird es etwas auseinanderfließen und eher flach ausfallen, während es in einem zu kleinen Topf durch den Ofentrieb am Schluss vermutlich über den Topf hinausragt.

Bei einigen Rezepten wird der Teig, kurz bevor er in den Ofen kommt, mit Saaten bestreut. Hier sind Ihrer Experimentierfreude keine Grenzen gesetzt. Entscheiden Sie selbst, welche Menge und auch welche Saaten Sie bevorzugen. Bei Topfbroten empfehle ich den Teigling vor dem Bestreuen mit Wasser zu besprühen.

Richtwerte

Die angegebenen Backzeiten sind aufgrund der Unterschiedlichkeit, wie Öfen tatsächlich aufheizen, ein Richtwert. Ebenso sind die Größenangaben für Simperl und Töpfe, bezogen auf die Brote, ein Richtwert, um optimale Ergebnisse zu erzielen.

Topfbrote

Kleines Topfbrot	Backzeit ca. 50 Minuten	Simperl Ø 16 cm, Topf Ø 16–17 cm
Mittleres Topfbrot	Backzeit ca. 55 Minuten	Simperl Ø 16 cm, Topf Ø 18–19 cm
Großes Topfbrot	Backzeit ca. 60 Minuten	Simperl Ø 18 cm, Topf Ø 20–21 cm

Kastenbrote

Kleine Kastenbrote	Backzeit ca. 55 Minuten	Kasten: 20/11/7 cm
Große Kastenbrote	Backzeit ca. 60 Minuten	Kasten: 25/11/7 cm

Roggen-Einkorn-Saatenbrot
aus dem Kasten

Ein wirklich leicht zu machendes Brot, da der Teig nur in die Kastenform gefüllt wird und sehr weich ist. Das Quellstück sorgt für eine lange Frischhaltung. Dieses Sauerteigmischbrot schmeckt mild und durch die Saaten leicht nussig.

Tipp
Kastenbrote können vor dem Backen mit einem scharfen Messer eingeschnitten werden. Meist schneide ich sie kreuzweise ein. Dies hat nicht nur ästhetische Gründe: Neben anderen Faktoren verhindert dies, dass es an ungewollten Stellen seitlich aufreißt. Am einfachsten ist es, den Teig nach dem Belegen mit Saaten mit der Teigkarte gut einzudrücken und vor dem Backen das Eingedrückte eventuell noch nachzuschneiden.

Sauerteig & Quellstück
Anstellgut mit Wasser und Mehl gut verrühren, bis keine Mehlreste mehr sichtbar sind, und abgedeckt bei Zimmertemperatur gehen lassen (ca. 8–12 h). **(1)** Für das Quellstück die Saaten mit dem heißen Wasser übergießen, verrühren und quellen lassen (ca. 8–12 h).

Hauptteig
(2) Sämtliche Zutaten des Hauptteigs vermengen und mit der Gabel verrühren, sodass keine

Gesamtarbeitszeit

Meine Arbeitsschritte	Brotbackteam bei der Arbeit
ca. 5–10 Min.	**ca. 10–14 h**

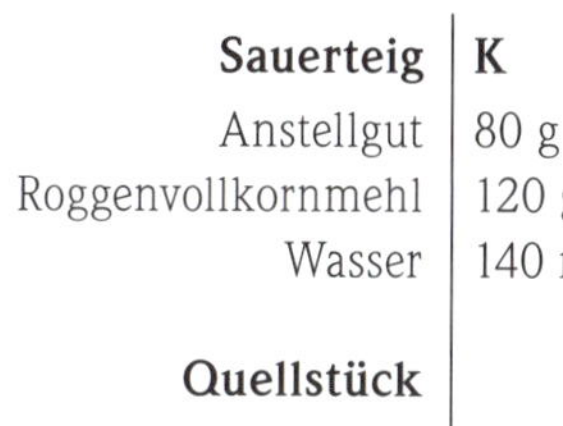

Sauerteig	**K**
Anstellgut	80 g
Roggenvollkornmehl	120 g
Wasser	140 ml
Quellstück	
Leinsamen	30 g
Chiasamen	30 g
Sonnenblumenkerne	30 g
heißes Wasser	120 ml
Hauptteig	
Sauerteig	
Quellstück	
Einkornvollkornmehl	80 g
Roggenmehl Type 960	80 g
Wasser	70 ml
Salz	8 g

Kleines Brot (K)
Kasten 20/11/7 cm

Mehlreste mehr sichtbar sind. Anschließend den Teig in eine eingefettete Kastenform füllen und **(3)** mit nassen Händen andrücken und glatt streichen. **(4)** Nach Belieben mit Saaten bestreuen, eventuell mit einer Teigkarte ein Muster in den Teig drücken und **(5)** diesen bei Zimmertemperatur gehen lassen (ca. 2 h).

Backen

Den Backofen vorheizen. Den Kasten in den Ofen geben und bei 240 Grad Ober- und Unterhitze ca. 55 Minuten backen. Beim Hineingeben in den Ofen ein Stamperl Wasser auf den Ofenboden schütten und nach 10 Minuten schwaden, d.h. die Ofentür kurz öffnen und den Restdampf ablassen. **(6)** Nach der Hälfte der Backzeit das Brot aus dem Kasten nehmen und freischwebend fertigbacken. Gut auskühlen lassen.

Roggen-Dinkel-Saatenbrot
aus dem Topf

Ein Topfbrot, das zu fast allem passt: innen sehr saftig und außen mit rescher Kruste. Bei der mittleren Variante dieses Brotes verwende ich meist einen etwas größeren Topf, wodurch es eine typische Bauernbrotform bekommt (siehe Bild unten), während das große Brot im heißen Topf mit Wasser besprüht und mit schwarzem Sesam belegt wurde. Der Teig des großen Brots ist zudem um eine kleine Spur fester: Da größere Brote ohnedies besser frisch bleiben, können deren Teige etwas fester sein.

Sauerteig & Quellstück
Anstellgut mit Wasser und Mehl gut verrühren, bis keine Mehlreste mehr sichtbar sind, und abgedeckt bei Zimmertemperatur gehen lassen (ca. 8–12 h). Für das Quellstück die Saaten mit dem heißen Wasser übergießen, verrühren und quellen lassen (ca. 8–12 h).

Hauptteig
Sämtliche Zutaten vermengen, mit der Gabel gut verrühren und sofort weiterverarbeiten. **(1)** Den Teig auf eine bemehlte Arbeitsfläche

Sauerteig	M	G
Anstellgut	80 g	100 g
Roggenvollkornmehl	100 g	160 g
Wasser	120 ml	170 ml
Quellstück		
Leinsamen	25 g	40 g
Chiasamen	25 g	40 g
Sonnenblumenkerne	25 g	40 g
heißes Wasser	100 ml	140 ml
Hauptteig		
Sauerteig		
Quellstück		
Roggenmehl Type 960	90 g	120 g
Dinkelvollkornmehl	90 g	120 g
Wasser	90 ml	100 ml
Salz	8 g	12 g

Dunkle Brote

Gesamtarbeitszeit

Meine Arbeitsschritte	Brotbackteam bei der Arbeit
ca. 5–10 Min.	**ca. 10–14 h**

Mittleres Brot (M)
Simperl Ø 16 cm | Topf Ø 18–19 cm

Großes Brot (G)
Simperl Ø 18 cm | Topf Ø 20–21 cm

1

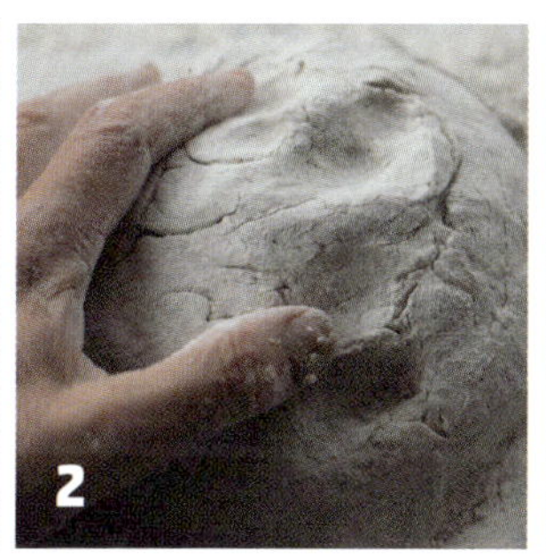
2

3

4

geben, **(2)** kurz mit den eingemehlten Händen schonend formen, **(3)** in ein gut bemehltes Simperl geben und erneut aufgehen lassen (ca. 2 h).

Backen
Den Backofen und den Topf mit Deckel vorheizen. Den Teig direkt aus dem Simperl in den heißen Topf stürzen, **(4)** mit einer Sprühflasche gut mit Wasser befeuchten und mit schwarzem Sesam bestreuen. Zugedeckt bei 240 Grad Ober- und Unterhitze je nach Brotgröße ca. 55–60 Minuten backen. **(5)** Nach der Hälfte der Backzeit das Brot aus dem Topf nehmen und freischwebend fertigbacken. Gut auskühlen lassen.

5

Waldstaudenroggen-Walnussbrot
aus dem Kasten

Trotz des vollen Korns der Waldstaude ein sehr fluffiges Brot, da ich einen Teil Roggenauszugsmehl zugebe. Wer möchte, kann es natürlich ganz als Vollkornbrot machen und muss nicht einmal etwas an der Flüssigkeitszugabe ändern, da es ohnedies sehr weich ist. In der Regel verträgt das volle Korn etwas mehr Flüssigkeit. Statt dem Waldstaudenroggen kann man auch normalen Roggen verwenden.

Sauerteig
Anstellgut mit Wasser und Mehl gut verrühren, bis keine Mehlreste mehr sichtbar sind, und abgedeckt bei Zimmertemperatur gehen lassen (ca. 8–12 h).

Hauptteig
(1, 2) Sämtliche Zutaten des Hauptteigs vermengen und mit der Gabel verrühren, sodass keine Mehlreste mehr sichtbar sind. Anschließend den Teig in eine eingefettete Kastenform füllen und **(3)** mit nassen Händen andrücken und glatt streichen. Nach Belieben mit Sonnenblumenkernen bestreuen, eventuell mit einer Teigkarte ein Muster in den Teig drücken und diesen bei Zimmertemperatur gehen lassen (ca. 2 h).

Backen
Den Backofen vorheizen. Den Kasten in den Ofen geben und bei 240 Grad Ober- und Unterhitze ca. 55 Minuten backen. Beim Hineingeben in den Ofen ein Stamperl Wasser auf den Ofenboden schütten und nach 10 Minuten schwaden, d.h. die Ofentür kurz öffnen und den Restdampf ablassen. Nach der Hälfte der Backzeit das Brot aus dem Kasten nehmen und freischwebend fertigbacken. Gut auskühlen lassen.

Dunkle Brote

Sauerteig	K
Anstellgut	80 g
Waldstaudenroggenvollkornmehl	140 g
Wasser	160 ml
Hauptteig	
Sauerteig	
Waldstaudenroggenvollkornmehl	120 g
Roggenmehl Type 960	120 g
Walnüsse	50 g
Wasser	190 ml
Salz	8 g

Gesamtarbeitszeit

Meine Arbeitsschritte	Brotbackteam bei der Arbeit
ca. 5–10 Min.	**ca. 10–14 h**

Kleines Brot (K)
Kasten 20/11/7 cm

Dreikornsonnenblumenbrot
aus dem Kasten

Das Brot wird mit Roggen, Einkorn und Dinkel gemacht. Zudem ist es eine Mischung von Auszugsmehlen und Vollkornmehl. Wer möchte, kann bei diesem Brot die Mehle etwas variieren. Aber bevor man experimentiert, ist es meist gut, zunächst dem Rezept zu folgen. Aufgrund der hohen Teigausbeute ist der Teig sehr weich, demnach braucht man selbst bei einem höheren Vollkornanteil keineswegs mehr Flüssigkeit zugeben.

Sauerteig & Quellstück

(1) Anstellgut mit Wasser und Mehl gut verrühren, bis keine Mehlreste mehr sichtbar sind, und abgedeckt bei Zimmertemperatur gehen lassen (ca. 8–12 h). Für das Quellstück die Saaten mit dem heißen Wasser übergießen, verrühren und quellen lassen (ca. 8–12 h).

Hauptteig

(2) Sämtliche Zutaten des Hauptteigs vermengen und mit der Gabel verrühren, sodass keine Mehlreste mehr sichtbar sind. **(3)** Anschließend den Teig in eine eingefettete Kastenform füllen und mit nassen Händen andrücken und glatt streichen. **(4)** Mit Sonnenblumenkernen

Dunkle Brote

Gesamtarbeitszeit

Meine Arbeitsschritte	Brotbackteam bei der Arbeit
ca. 5–10 Min.	**ca. 10–14 h**

Sauerteig	**K**
Anstellgut	80 g
Roggenvollkornmehl	140 g
Wasser	160 ml
Quellstück	
Sonnenblumenkerne	60 g
Leinsamen	20 g
heißes Wasser	80 ml
Hauptteig	
Sauerteig	
Quellstück	
Einkornvollkornmehl	50 g
Roggenmehl Type 960	50 g
Dinkelmehl Type 700	50 g
Wasser	80 ml
Salz	8 g

Kleines Brot (K)
Kasten 20/11/7 cm

1

2

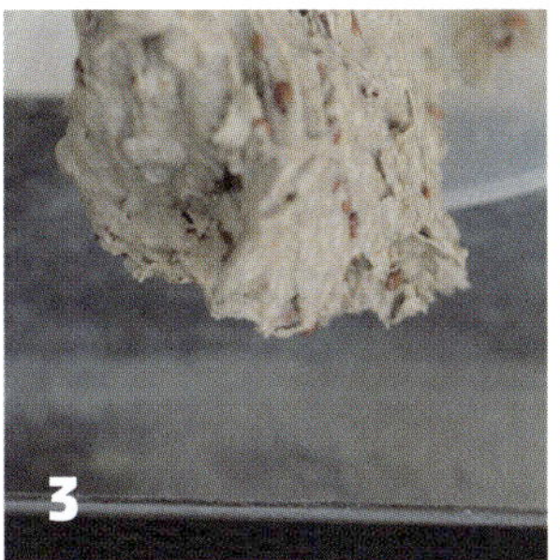
3

4

bestreuen, eventuell mit einer Teigkarte ein Muster in den Teig drücken und diesen bei Zimmertemperatur gehen lassen (ca. 2 h).

Backen
Den Backofen vorheizen. Den Kasten in den Ofen geben und bei 240 Grad Ober- und Unterhitze ca. 55 Minuten backen. Beim Hineingeben in den Ofen ein Stamperl Wasser auf den Ofenboden schütten und nach 10 Minuten schwaden, d.h. die Ofentür kurz öffnen und den Restdampf ablassen. **(5)** Nach der Hälfte der Backzeit das Brot aus dem Kasten nehmen und freischwebend fertigbacken. Gut auskühlen lassen.

5

Roggenhausbrot
aus dem Topf

Ich nenne es deshalb Hausbrot, weil ich es sehr oft mache. Durch die Mischung von Roggenvollkornmehl mit Roggenauszugsmehl ist es viel heller und leichter als ein reines Roggenvollkornbrot. In den Rezepten sind zwei Brote angegeben, ein kleines und ein mittleres, wobei das mittlere einen etwas festeren Teig hat.

Sauerteig
(1) Anstellgut mit Wasser und Mehl gut verrühren, bis keine Mehlreste mehr sichtbar sind, und abgedeckt bei Zimmertemperatur gehen lassen (ca. 8–12 h).

Hauptteig
(2) Sämtliche Zutaten vermengen, mit der Gabel gut verrühren und sofort weiterverarbeiten. Den Teig auf eine bemehlte Arbeitsfläche geben, **(3)** kurz mit den eingemehlten Händen schonend formen, **(4)** in ein gut bemehltes Simperl geben und erneut aufgehen lassen (ca. 2 h).

Backen
Den Backofen und den Topf mit Deckel vorheizen. **(5)** Den Teig direkt aus dem Simperl in den heißen Topf stürzen und zugedeckt bei 240 Grad Ober- und Unterhitze je nach Brotgröße ca. 50–55 Minuten backen. Nach der Hälfte der Backzeit das Brot aus dem Topf nehmen und freischwebend fertigbacken. Gut auskühlen lassen.

Sauerteig	K	M
Anstellgut	80 g	80 g
Roggenvollkornmehl	150 g	180 g
Wasser	160 ml	190 ml
Hauptteig		
Sauerteig		
Roggenmehl		
Type 960	180 g	240 g
Wasser	120 ml	150 ml
Salz	8 g	10 g

Dunkle Brote

Gesamtarbeitszeit

Meine Arbeitsschritte	Brotbackteam bei der Arbeit
ca. 5–10 Min.	**ca. 10–14 h**

Kleines Brot (K)
Simperl Ø 16 cm | Topf Ø 16–17 cm

Mittleres Brot (M)
Simperl Ø 16 cm | Topf Ø 18–19 cm

Tipp

(6) Legt man dieses Brot in einen Korb mit einem gut eingemehlten Geschirrtuch und macht den Teig ein wenig fester, so kann man den Teigling, kurz bevor er in den Ofen gestellt wird, noch einschneiden. Ein scharfes Messer und ein schneller, beherzter Schnitt reichen.

Roggenbrot
aus dem Gusseisenkasten

Brote aus dem Gusseisenkasten werden gleich zubereitet wie Topfbrote. Wer öfter Brot bäckt, dem kann ich die Anschaffung dieses Gusseisenkastens nur empfehlen. Jedes große Topfbrot in diesem Buch kann auch in einem Gusseisenkasten von dieser Größe gebacken werden.

Sauerteig
Anstellgut mit Wasser und Mehl gut verrühren, bis keine Mehlreste mehr sichtbar sind, und abgedeckt bei Zimmertemperatur gehen lassen (ca. 8–12 h).

Hauptteig
Sämtliche Zutaten vermengen, mit der Gabel gut verrühren und sofort weiterverarbeiten. **(1)** Den Teig auf eine bemehlte Arbeitsfläche geben, **(2)** kurz mit den eingemehlten Händen schonend länglich formen, **(3)** in ein gut bemehltes passendes Simperl geben und **(4)** erneut aufgehen lassen (ca. 2 h).

Sauerteig	G
Anstellgut	120 g
Roggenvollkornmehl	230 g
Wasser	270 ml
Hauptteig	
Sauerteig	
Roggenvollkornmehl	130 g
Roggenmehl Type 960	130 g
Wasser	140 ml
Salz	12 g

Gesamtarbeitszeit

Meine Arbeitsschritte	Brotbackteam bei der Arbeit
ca. 5–10 Min.	**ca. 10–14 h**

Großes Brot (G)
Gusseisenkasten 25/11/7 cm

1

2

3

4

5

Backen
Den Backofen und den Gusseisenkasten mit Deckel vorheizen. **(5)** Den Teig direkt aus dem Simperl in den heißen Kasten stürzen und zugedeckt bei 240 Grad Ober- und Unterhitze ca. 60 Minuten backen. **(6)** Nach der Hälfte der Backzeit das Brot aus dem Topf nehmen und freischwebend fertigbacken. Gut auskühlen lassen.

6

Waldstaudenroggenvollkornbrot
aus dem Topf

Vermutlich das Brot, das ich mit Abstand am häufigsten gebacken habe. Ein Sauerteigbrot ohne irgendwelche Zusätze wie Gewürze oder Saaten bringt den reinen, unverfälschten Sauerteiggeschmack am besten zur Geltung. Statt Waldstaudenroggen kann man – wie bei jedem Rezept – ganz normalen Roggen verwenden. Der Unterschied liegt im Geschmack: Da der Waldstaudenroggen viel kleiner als der normale Roggen ist, hat er mehr Ballaststoffe, weil das Verhältnis von Schalenanteilen und Mehlkörper anders ist. Dadurch ist das Brot etwas dunkler und schmeckt kräftiger. Meist mische ich: Der Sauerteig wird mit Waldstaude angesetzt und der Hauptteig mit normalem Roggen zubereitet. Das kleine Brot hat den weichsten Teig, während das mittlere und das große schon über einen etwas festeren Teig verfügen. Größere Brote bleiben ohnedies länger frisch und sind mit weichen Teigen etwas schwerer zu formen.

Sauerteig
Anstellgut mit Wasser und Mehl gut verrühren, bis keine Mehlreste mehr sichtbar sind, und abgedeckt bei Zimmertemperatur gehen lassen (ca. 8–12 h).

Hauptteig
(1) Sämtliche Zutaten vermengen, mit der Gabel gut verrühren und sofort weiterverarbeiten. **(2)** Den Teig auf eine bemehlte Arbeitsfläche geben, **(3)** kurz mit den eingemehlten Händen schonend formen, in ein gut bemehltes Simperl geben und erneut aufgehen lassen (ca. 2 h).

Dunkle Brote

Gesamtarbeitszeit

Meine Arbeitsschritte	Brotbackteam bei der Arbeit
ca. 5–10 Min.	**ca. 10–14 h**

Kleines Brot (K)
Simperl Ø 16 cm | Topf Ø 16–17 cm

Mittleres Brot (M)
Simperl Ø 16 cm | Topf Ø 18–19 cm

Großes Brot (G)
Simperl Ø 18 cm | Topf Ø 20–21 cm

Sauerteig	K	M	G
Anstellgut	80 g	80 g	120 g
Waldstaudenroggen-vollkornmehl	130 g	150 g	240 g
Wasser	140 ml	170 ml	280 ml
Hauptteig			
Sauerteig			
Waldstaudenroggen-vollkornmehl	160 g	220 g	260 g
Wasser	130 ml	160 ml	160 ml
Salz	8 g	10 g	12 g

Backen

(4) Den Backofen und den Topf mit Deckel vorheizen. Den Teig direkt aus dem Simperl in den heißen Topf stürzen und zugedeckt bei 240 Grad Ober- und Unterhitze je nach Brotgröße ca. 50–60 Minuten backen. Nach der Hälfte der Backzeit das Brot aus dem Topf nehmen und freischwebend fertigbacken. Gut auskühlen lassen.

1

2

3

4

Tipp

(5) Bei zu kühlen Außentemperaturen stellt man das Simperl mit dem abgedeckten Teigling auf eine Wärmflasche. Das Wasser darf ruhig kochend heiß sein. Es besteht keine Gefahr, dass es für den Teig zu warm wird, da er ja in einem Simperl liegt und nur auf der Wärmflasche steht.

5

Roggen-Dinkel-Leinsamenbrot
aus dem Topf

Ein Mischbrot mit Leinsamen, das immer passt, ob als Frühstücks- oder Jausenbrot. Zudem ist es sehr einfach zu machen: Der weiche Teig lässt sich leicht verrühren und wird nur sehr schonend geformt. Da Leinsamen in einem Quellstück besonders viel Flüssigkeit aufsaugen, bleibt ein Brot mit derartigen Quellstücken länger saftig.

Sauerteig & Quellstück

(1) Anstellgut mit Wasser und Mehl gut verrühren, bis keine Mehlreste mehr sichtbar sind, und abgedeckt bei Zimmertemperatur gehen lassen (ca. 8–12 h). Für das Quellstück die Leinsamen mit dem heißen Wasser übergießen, verrühren und quellen lassen (ca. 8–12 h).

Hauptteig

Sämtliche Zutaten vermengen, mit der Gabel gut verrühren und sofort weiterverarbeiten. **(2)** Den Teig auf eine bemehlte Arbeitsfläche geben, **(3)** kurz mit den eingemehlten Händen schonend formen, **(4)** in ein gut bemehltes Simperl geben und erneut aufgehen lassen (ca. 2 h).

Sauerteig	M
Anstellgut	80 g
Roggenvollkornmehl	120 g
Wasser	140 ml
Quellstück	
Leinsamen	80 g
heißes Wasser	120 ml
Hauptteig	
Sauerteig	
Quellstück	
Roggenmehl Type 960	80 g
Dinkelvollkornmehl	80 g
Wasser	80 ml
Salz	10 g

Gesamtarbeitszeit

Meine Arbeitsschritte	Brotbackteam bei der Arbeit
ca. 5–10 Min.	**ca. 10–14 h**

Mittleres Brot (M)
Simperl Ø 16 cm | Topf Ø 18–19 cm

1

2

3

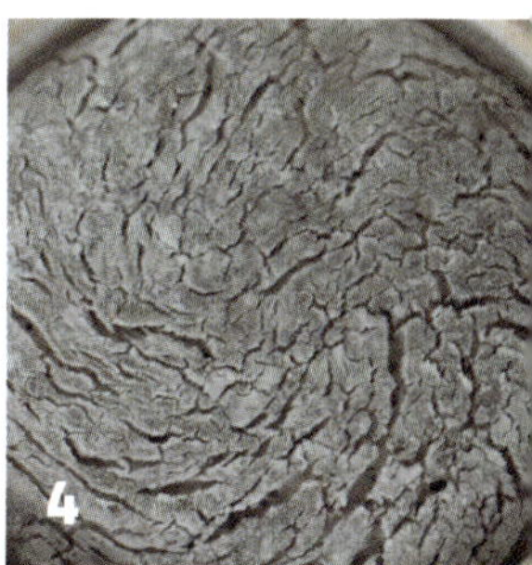
4

5

6

Backen

Den Backofen und den Topf mit Deckel vorheizen. **(5)** Den Teig direkt aus dem Simperl in den heißen Topf stürzen, mit einer Sprühflasche gut mit Wasser befeuchten und mit Leinsamen bestreuen. Zugedeckt bei 240 Grad Ober- und Unterhitze ca. 55 Minuten backen. **(6)** Nach der Hälfte der Backzeit das Brot aus dem Topf nehmen und freischwebend fertigbacken. Gut auskühlen lassen.

Apfel-Roggenbrot
aus dem Topf

Ein kleines Roggenbrot mit geriebenen Äpfeln, wodurch es besonders saftig ist. Die Walnüsse verleihen ihm zusätzlich eine ganz besondere Note. Im Prinzip kann man jedes Brot mit Früchten machen, nur muss man bei der Teigausbeute aufpassen. Äpfel lassen sich zwar ohne Weiteres durch Birnen ersetzen, aber wenn die Birne viel weicher und wässriger ist wie der Apfel, so gilt es, etwas weniger von der Birne zu nehmen oder den Wasseranteil zu verringern. Die Früchte einfach mit der Schale grob reiben und unter den Hauptteig mischen.

Sauerteig
Anstellgut mit Wasser und Mehl gut verrühren, bis keine Mehlreste mehr sichtbar sind, und abgedeckt bei Zimmertemperatur gehen lassen (ca. 8–12 h).

Hauptteig
(1) Die Äpfel grob reiben und **(2)** sämtliche Zutaten vermengen, mit der Gabel gut verrühren und sofort weiterverarbeiten. Den Teig auf eine bemehlte Arbeitsfläche geben, kurz mit den eingemehlten Händen schonend formen, **(3)** in ein gut bemehltes Simperl geben und erneut aufgehen lassen (ca. 2 h).

Dunkle Brote

Gesamtarbeitszeit

Meine Arbeitsschritte	Brotbackteam bei der Arbeit
ca. 5–11 Min.	**ca. 10–14 h**

	K
Sauerteig	
Anstellgut	80 g
Roggenvollkornmehl	120 g
Wasser	140 ml
Hauptteig	
Sauerteig	
Roggenvollkornmehl	90 g
Roggenmehl Type 960	80 g
Äpfel	80 g
geriebene Walnüsse	40 g
Wasser	60 ml
Salz	8 g

Kleines Brot (K)
Simperl Ø 16 cm | Topf Ø 16–17 cm

Tipp

Das Brot wird heller, wenn man beim Hauptteig nur Auszugsmehl verwendet (siehe Abb. links). Dann braucht man eventuell etwas weniger Flüssigkeit (statt 60 nur 50 ml Wasser).

1

2

3

4

5

Backen
Den Backofen und den Topf mit Deckel vorheizen. **(4)** Den Teig direkt aus dem Simperl in den heißen Topf stürzen und zugedeckt bei 240 Grad Ober- und Unterhitze ca. 50 Minuten backen. **(5)** Nach der Hälfte der Backzeit das Brot aus dem Topf nehmen und freischwebend fertigbacken. Gut auskühlen lassen.

Saatenmischbrot
aus dem Kasten

Ein Brot, das leicht zu verrühren und in den Kasten zu füllen ist. Der Teig ist weich und lässt sich einfach bearbeiten. Die Mischung der Mehle ergibt ein richtig fluffiges Brot mit mildem Aroma.

Sauerteig & Quellstück

(1) Anstellgut mit Wasser und Mehl gut verrühren, bis keine Mehlreste mehr sichtbar sind, und abgedeckt bei Zimmertemperatur gehen lassen (ca. 8–12 h). **(2)** Für das Quellstück die Saaten mit dem heißen Wasser übergießen, verrühren und quellen lassen (ca. 8–12 h).

Hauptteig

(3) Sämtliche Zutaten des Hauptteigs vermengen und mit der Gabel verrühren, sodass keine Mehlreste mehr sichtbar sind. Anschließend den Teig in eine eingefettete Kastenform füllen und mit nassen Händen andrücken und glatt streichen. **(4)** Nach Belieben mit Saaten, etwa Leinsamen, bestreuen, eventuell mit einer Teigkarte ein Muster in den Teig drücken und diesen bei Zimmertemperatur gehen lassen (ca. 2 h).

Backen

Den Backofen vorheizen. Den Kasten in den Ofen geben und bei 240 Grad Ober- und Unterhitze ca. 60 Minuten backen. Beim Hineingeben in den Ofen ein Stamperl Wasser auf den Ofenboden schütten und nach 10 Minuten schwaden, d.h. die Ofentür kurz öffnen und den Restdampf ablassen. **(5)** Nach der Hälfte der Backzeit das Brot aus dem Kasten nehmen und freischwebend fertigbacken. Gut auskühlen lassen.

Dunkle Brote

Gesamtarbeitszeit

Meine Arbeitsschritte	Brotbackteam bei der Arbeit
ca. 5–10 Min.	**ca. 10–14 h**

Sauerteig	**G**
Anstellgut	100 g
Roggenvollkornmehl	240 g
Wasser	280 ml
Quellstück	
Leinsamen	40 g
Sonnenblumenkerne	40 g
heißes Wasser	120 ml
Hauptteig	
Sauerteig	
Quellstück	
Roggenvollkornmehl	70 g
Roggenmehl Type 960	70 g
Dinkelvollkornmehl	70 g
Wasser	100 ml
Salz	12 g

Großes Brot (G)
Kasten 25/11/7 cm

Flocken-Saaten-Haselnussbrot
aus dem Kasten

Flocken- und Körndlbrote mag man – oder eben nicht. Ich liebe dieses Flockensaatenbrot. Zunächst einmal, weil es unglaublich gut riecht, lange frisch bleibt und fantastisch schmeckt. Der hohe Flocken- und Saatenanteil machte dieses Brot zu einer wahren Herausforderung; ich experimentierte viel, bis ich wirklich zufrieden war. Daher ist es empfehlenswert, sich vorerst genau an das Rezept zu halten. Für dieses Brot wird eine Vierkornflockenmischung verwendet: Roggen-, Dinkel-, Hafer- und Gerstenflocken. Diese Mischungen kann man selbst zusammenstellen oder fertig kaufen. Bei der Auswahl der Flocken und Nüsse kann man natürlich variieren. Ich verwende meist ganze oder sehr grob geschrotete Haselnüsse.

Dunkle Brote

Gesamtarbeitszeit

Meine Arbeitsschritte	Brotbackteam bei der Arbeit
ca. 5–10 Min.	**ca. 10–14 h**

Sauerteig	**G**
Anstellgut	100 g
Dinkelvollkornmehl	70 g
Roggenvollkornmehl	70 g
Wasser	140 ml
Quellstück	
gemischte Flocken	130 g
Sonnenblumenkerne	30 g
Leinsamen	30 g
Haselnüsse	50 g
heißes Wasser	260 ml
Hauptteig	
Sauerteig	
Quellstück	
Dinkelmehl Type 700	70 g
Roggenvollkornmehl	70 g
Wasser	60 ml
Salz	12 g

Großes Brot (G)
Kasten 25/11/7 cm

1

2

3

4

Sauerteig & Quellstück
(1) Anstellgut mit Wasser und Mehlen gut verrühren, bis keine Mehlreste mehr sichtbar sind, und abgedeckt bei Zimmertemperatur gehen lassen (ca. 8–12 h). **(2)** Für das Quellstück die Saaten mit dem heißen Wasser übergießen, verrühren und quellen lassen (ca. 8–12 h).

Hauptteig
Sämtliche Zutaten des Hauptteigs vermengen und mit der Gabel verrühren, sodass keine Mehlreste mehr sichtbar sind. **(3)** Anschließend den Teig in eine eingefettete Kastenform füllen und mit nassen Händen andrücken und glatt streichen. **(4)** Nach Belieben mit Flocken oder Saaten bestreuen, eventuell mit einer Teigkarte ein Muster in den Teig drücken und diesen bei Zimmertemperatur gehen lassen (ca. 2 h).

Backen
Den Backofen vorheizen. Den Kasten in den Ofen geben und bei 240 Grad Ober- und Unterhitze ca. 60 Minuten backen. Beim Hineingeben in den Ofen ein Stamperl Wasser auf den Ofenboden schütten und nach 10 Minuten schwaden, d.h. die Ofentür kurz öffnen und den Restdampf ablassen. Nach der Hälfte der Backzeit das Brot aus dem Kasten nehmen und freischwebend fertigbacken. Gut auskühlen lassen.

Dreikornbrot
aus dem Topf

Dieses reine Vollkornbrot ist würzig und schmackhaft, aber durch die helleren Mehlsorten Einkorn und Emmer, die zu den Weizensorten zählen, doch etwas milder. Wer möchte, kann bei den Mehlsorten etwas variieren. Statt Waldstaudenroggen eignet sich normaler Roggen. Emmer und Einkorn lassen sich durch Dinkel ersetzen. Dies verändert ein wenig den Geschmack des Brotes.

Sauerteig

(1) Anstellgut mit Wasser und Mehlen gut verrühren, bis keine Mehlreste mehr sichtbar sind, und abgedeckt bei Zimmertemperatur gehen lassen (ca. 8–12 h).

Hauptteig

(2) Sämtliche Zutaten vermengen, mit der Gabel gut verrühren und sofort weiterverarbeiten. Den Teig auf eine bemehlte Arbeitsfläche geben, **(3)** kurz mit den eingemehlten Händen schonend formen, in ein gut bemehltes Simperl geben und erneut aufgehen lassen (ca. 2 h).

Gesamtarbeitszeit

Meine Arbeitsschritte	Brotbackteam bei der Arbeit
ca. 5–10 Min.	**ca. 10–14 h**

Sauerteig	G
Anstellgut	120 g
Waldstaudenroggenvollkornmehl	160 g
Einkornvollkornmehl	80 g
Wasser	260 ml
Hauptteig	
Sauerteig	
Einkornvollkornmehl	140 g
Emmervollkornmehl	100 g
Wasser	180 ml
Salz	12 g

Großes Brot (G)
Simperl Ø 18 cm | Topf Ø 20–21 cm

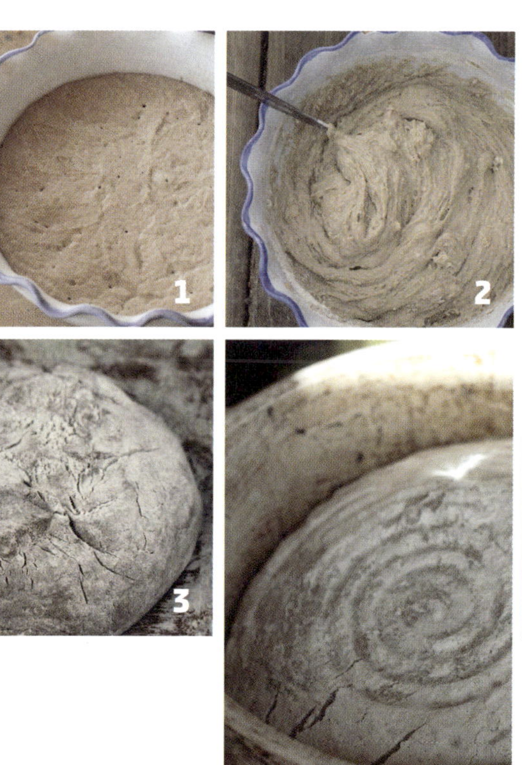

Backen
Den Backofen und den Topf mit Deckel vorheizen. **(4)** Den Teig direkt aus dem Simperl in den heißen Topf stürzen und **(5)** zugedeckt bei 240 Grad Ober- und Unterhitze ca. 60 Minuten backen. Nach der Hälfte der Backzeit das Brot aus dem Topf nehmen und freischwebend fertigbacken. Gut auskühlen lassen.

Karottenmischbrot
aus dem Topf

Ein wirklich saftiges Brot. Die Karotten roh grob raspeln und unter den Hauptteig mischen. Ansonsten ist es sehr leicht zu machen, da der Teig recht weich ist, sich daher leicht verrühren lässt, und nur zusammengeschoben und geformt wird.

Sauerteig
(1) Anstellgut mit Wasser und Mehl gut verrühren, bis keine Mehlreste mehr sichtbar sind, und abgedeckt bei Zimmertemperatur gehen lassen (ca. 8–12 h).

Hauptteig
(2) Die Karotten grob reiben und **(3)** sämtliche Zutaten vermengen, mit der Gabel gut verrühren und sofort weiterverarbeiten. **(4)** Den Teig auf eine bemehlte Arbeitsfläche geben, kurz mit den eingemehlten Händen schonend formen, in ein gut bemehltes Simperl geben und erneut aufgehen lassen (ca. 2 h).

Gesamtarbeitszeit

Meine Arbeitsschritte	Brotbackteam bei der Arbeit
ca. 5–11 Min.	**ca. 10–14 h**

Sauerteig	**K**
Anstellgut	80 g
Roggenvollkornmehl	120 g
Wasser	140 ml
Hauptteig	
Sauerteig	
Dinkelvollkornmehl	80 g
Roggenmehl Type 960	80 g
Karotten	80 g
Wasser	90 ml
Salz	8 g

Kleines Brot (K)
Simperl Ø 16 cm | Topf Ø 16–17 cm

Backen

Den Backofen und den Topf mit Deckel vorheizen. Den Teig direkt aus dem Simperl in den heißen Topf stürzen und zugedeckt bei 240 Grad Ober- und Unterhitze ca. 50 Minuten backen. **(5)** Nach der Hälfte der Backzeit das Brot aus dem Topf nehmen und freischwebend fertigbacken. Gut auskühlen lassen.

3

Vinschgauer „Laberl"

Vinschgerl oder Vinschgauer werden meist mit Gewürzen wie Fenchel, Anis, Kümmel oder Schabzigerklee zubereitet. Bei diesen kleinen Broten werden alle Zutaten gemeinsam gut zwei Minuten lang verrührt. Da die kleinen Brote nicht in einem Topf gebacken werden, ist der Teig etwas fester. Die angegebene Teigmenge ergibt drei Vinschgerl. Man kann den Teig jederzeit verdoppeln und sechs Vinschgerl daraus backen.

Sauerteig & Hauptteig
(1) Alle Zutaten vermengen und zu einem geschmeidigen Teig verrühren und **(2)** aufgehen lassen (ca. 8–20 h).
(3–5) Am nächsten Tag den Teig auf eine bemehlte Arbeitsfläche kippen, dreiteilen, kurz rundwirken, **(6, 7)** auf ein Blech mit Backpapier legen und erneut aufgehen lassen (ca. 30 Min.). Darauf achten, dass der Teig so weit aufgeht, dass er von kleinen Rissen und Löchern durchzogen ist.

Backen
Den Backofen vorheizen. Das Backblech mit den Teiglingen in den Ofen schieben und bei 240 Grad Ober- und Unterhitze ca. 30 Minuten backen. Beim Hineingeben in den Ofen ein Stamperl Wasser auf den Ofenboden schütten und nach 10 Minuten schwaden, d.h. die Ofentür kurz öffnen und den Restdampf ablassen. Die fertig gebackenen Vinschgerl gut auskühlen lassen.

Gesamtarbeitszeit

Meine Arbeitsschritte	Brotbackteam bei der Arbeit
ca. 6–12 Min.	**ca. 12–21 h**

Sauerteig & Hauptteig	
Anstellgut	80 g
Roggenvollkornmehl	260 g
Einkornvollkornmehl	100 g
Wasser	280 ml
Salz	8 g
etwas Fenchel, Anis, Kümmel oder Schabzigerklee	je nach Geschmack

Einkorn-Dinkel-Saatenbrot
aus dem Topf

Dieses helle Brot bleibt durch das Quellstück mit mehreren Saaten und den hohen Flüssigkeitsanteil lang frisch. Zudem ist es ein sehr schmackhaftes Frühstücksbrot, das ich von den hellen Broten am öftesten backe, daher gibt es auch drei Größen. Das kleine Brot hat den weichsten Teig und die beiden größeren einen etwas festeren Teig. Zum Bestreuen passt am besten schwarzer oder blauer Mohn.

Sauerteig & Quellstück
Anstellgut mit Wasser und Mehl gut verrühren, bis keine Mehlreste mehr sichtbar sind, und abgedeckt bei Zimmertemperatur gehen lassen (ca. 8–12 h). Für das Quellstück die Saaten mit dem heißen Wasser übergießen, verrühren und quellen lassen (ca. 8–12 h).

Hauptteig
(1) Sämtliche Zutaten vermengen, mit der Gabel gut verrühren und sofort weiterverarbeiten. Den Teig auf eine bemehlte Arbeitsfläche geben, **(2)** mit den eingemehlten Händen rundwirken, **(3)** in ein gut bemehltes Simperl geben und erneut aufgehen lassen (ca. 2 h).

Sauerteig	K	M	G
Anstellgut	80 g	80 g	100 g
Einkornvollkornmehl	100 g	120 g	160 g
Wasser	110 ml	140 ml	180 ml
Quellstück			
Leinsamen	20 g	25 g	35 g
Sonnenblumenkerne	20 g	25 g	35 g
Chiasamen	20 g	25 g	35 g
heißes Wasser	90 ml	110 ml	140 ml
Hauptteig			
Sauerteig			
Quellstück			
Dinkelmehl Type 700	160 g	220 g	270 g
Wasser	60 ml	90 ml	110 ml
Salz	8 g	10 g	12 g

Gesamtarbeitszeit

Meine Arbeitsschritte	Brotbackteam bei der Arbeit
ca. 5–10 Min.	**ca. 10–14 h**

Kleines Brot (K)
Simperl Ø 16 cm | Topf Ø 16–17 cm

Mittleres Brot (M)
Simperl Ø 16 cm | Topf Ø 18–19 cm

Großes Brot (G)
Simperl Ø 18 cm | Topf Ø 20–21 cm

1

2

3

4

Backen

Den Backofen und den Topf mit Deckel vorheizen. Den Teig direkt aus dem Simperl in den heißen Topf stürzen, mit einer Sprühflasche gut mit Wasser befeuchten und mit Mohn bestreuen. Zugedeckt bei 240 Grad Ober- und Unterhitze je nach Brotgröße ca. 50–60 Minuten backen. **(4)** Nach der Hälfte der Backzeit das Brot aus dem Topf nehmen und freischwebend fertigbacken. Gut auskühlen lassen.

Tipp

Für eine reine Vollkornvariante beim Hauptteig das Dinkelauszugsmehl gegen ein Vollkornmehl tauschen und je nach Brotgröße 10–20 ml mehr Wasser nehmen.

Roggen-Dinkel-Saatenbrot
aus dem Kasten

Dieses Saatenbrot wird mit Auszugsmehlen zubereitet, wodurch es sehr weich und fluffig ist. Wer ein Brot backen möchte, das lange frisch bleibt, aber leichter wie ein Vollkornbrot schmeckt, ist hier genau richtig.

Sauerteig & Quellstück

(1) Anstellgut mit Wasser und Mehl gut verrühren, bis keine Mehlreste mehr sichtbar sind, und abgedeckt bei Zimmertemperatur gehen lassen (ca. 8–12 h). Für das Quellstück die Saaten mit dem heißen Wasser übergießen, verrühren und quellen lassen (ca. 8–12 h).

1

2

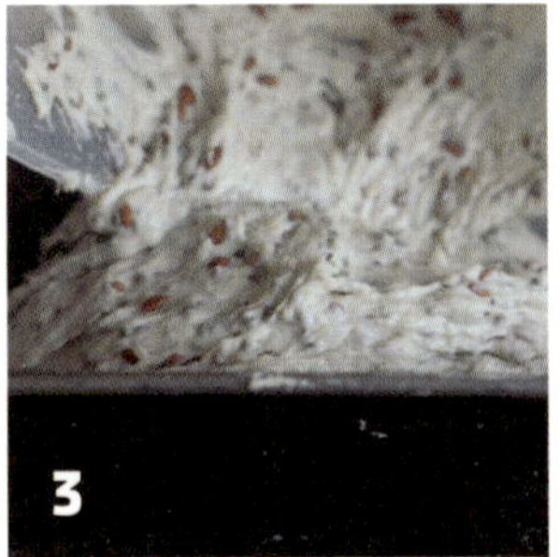
3

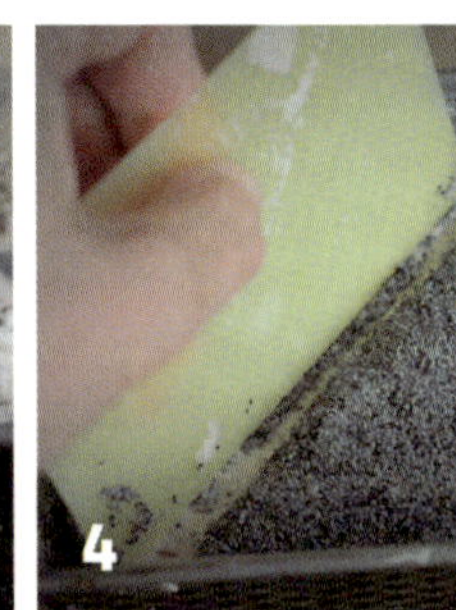
4

Hauptteig

(2) Sämtliche Zutaten des Hauptteigs vermengen und mit der Gabel verrühren, sodass keine Mehlreste mehr sichtbar sind. **(3)** Anschließend den Teig in eine eingefettete Kastenform füllen und mit nassen Händen andrücken und glatt streichen. Mit Mohn bestreuen, **(4)** eventuell mit einer Teigkarte ein Muster in den Teig drücken und **(5)** diesen bei Zimmertemperatur gehen lassen (ca. 2 h).

5

Backen

Den Backofen vorheizen. Den Kasten in den Ofen geben und bei 240 Grad Ober- und Unterhitze ca. 55 Minuten backen. Beim Hineingeben in den Ofen ein Stamperl Wasser auf den Ofenboden schütten und nach 10 Minuten schwaden, d.h. die Ofentür kurz öffnen und den Restdampf ablassen. **(6)** Nach der Hälfte der Backzeit das Brot aus dem Kasten nehmen und freischwebend fertigbacken. Gut auskühlen lassen.

6

Helle Brote

Sauerteig	K
Anstellgut	80 g
Roggenmehl Type 960	160 g
Wasser	160 ml
Quellstück	
Leinsamen	25 g
Sonnenblumenkerne	25 g
Chiasamen	25 g
heißes Wasser	110 ml
Hauptteig	
Sauerteig	
Quellstück	
Dinkelmehl Type 700	180 g
Wasser	70 ml
Salz	8 g

Gesamtarbeitszeit

Meine Arbeitsschritte	Brotbackteam bei der Arbeit
ca. 5–10 Min.	**ca. 10–14 h**

Kleines Brot (K)
Kasten 20/11/7 cm

Einkorn-Dinkel-Kürbiskernbrot
aus dem Kasten

Die Verwendung von Kürbiskernmehl ist nicht nur farblich hervorstechend. Es verleiht dem Brot einen ganz besonderen und intensiven Geschmack.

Sauerteig & Quellstück
Anstellgut mit Wasser und Mehl gut verrühren, bis keine Mehlreste mehr sichtbar sind, und abgedeckt bei Zimmertemperatur gehen lassen (ca. 8–12 h). Für das Quellstück die Saaten mit dem heißen Wasser übergießen, verrühren und quellen lassen (ca. 8–12 h).

	K
Sauerteig	
Anstellgut	80 g
Einkornvollkornmehl	140 g
Wasser	160 ml
Quellstück	
Leinsamen	30 g
Sonnenblumenkerne	30 g
Chiasamen	20 g
heißes Wasser	100 ml
Hauptteig	
Sauerteig	
Quellstück	
Kürbiskernmehl	50 g
Dinkelmehl Type 700	70 g
Roggenmehl Type 960	70 g
Wasser	100 ml
Salz	8 g

Gesamtarbeitszeit

Meine Arbeitsschritte	Brotbackteam bei der Arbeit
ca. 5–10 Min.	**ca. 10–14 h**

Kleines Brot (K)
Kasten 20/11/7 cm

1

2

3

4

Hauptteig
(1, 2) Sämtliche Zutaten des Hauptteigs vermengen und mit der Gabel verrühren, sodass keine Mehlreste mehr sichtbar sind. Anschließend den Teig in eine eingefettete Kastenform füllen und mit nassen Händen andrücken und glatt streichen. **(3)** Nach Belieben mit Kürbiskernen bestreuen, eventuell mit einer Teigkarte ein Muster in den Teig drücken und diesen bei Zimmertemperatur gehen lassen (ca. 2 h).

Backen
Den Backofen vorheizen. Den Kasten in den Ofen geben und bei 240 Grad Ober- und Unterhitze ca. 55 Minuten backen. Beim Hineingeben in den Ofen ein Stamperl Wasser auf den Ofenboden schütten und nach 10 Minuten schwaden, d.h. die Ofentür kurz öffnen und den Restdampf ablassen. **(4)** Nach der Hälfte der Backzeit das Brot aus dem Kasten nehmen und freischwebend fertigbacken. Gut auskühlen lassen.

Tipp
Möchte man andere Mehle wie Kürbiskern-, Kastanien-, Lupinen- oder Kichererbsenmehl verwenden, so muss nur der Mehlanteil gering gehalten werden. Wenn man nicht mehr als circa 20 Prozent der Gesamtmehlmenge nimmt, geht das Brot immer noch perfekt auf.

Helles Mischbrot
aus dem Topf

Ein klassisches Mischbrot, je zur Hälfte aus Roggen und Dinkel. Da Roggenauszugsmehl verwendet wird, ist es trotzdem ein sehr helles Brot.

Sauerteig
Anstellgut mit Wasser und Mehl gut verrühren, bis keine Mehlreste mehr sichtbar sind, und abgedeckt bei Zimmertemperatur gehen lassen (ca. 8–12 h).

Hauptteig
(1) Sämtliche Zutaten vermengen, mit der Gabel gut verrühren und sofort weiterverarbeiten. Den Teig auf eine bemehlte Arbeitsfläche geben, **(2)** kurz mit den eingemehlten Händen rundwirken, in ein gut bemehltes Simperl geben und erneut aufgehen lassen (ca. 2 h).

	K
Sauerteig	
Anstellgut	80 g
Roggenmehl Type 960	140 g
Wasser	140 ml
Hauptteig	
Sauerteig	
Dinkelmehl Type 700	170 g
Roggenmehl Type 960	30 g
Wasser	100 ml
Salz	8 g

Gesamtarbeitszeit

Meine Arbeitsschritte	Brotbackteam bei der Arbeit
ca. 5–10 Min.	**ca. 10–14 h**

Kleines Brot (K)
Simperl Ø 16 cm | Topf Ø 16–17 cm

1

2

3

4

Backen
Den Backofen und den Topf mit Deckel vorheizen. **(3)** Den Teig direkt aus dem Simperl in den heißen Topf stürzen, mit einer Sprühflasche gut mit Wasser befeuchten und nach Belieben mit Saaten bestreuen. Zugedeckt bei 240 Grad Ober- und Unterhitze ca. 50 Minuten backen. **(4)** Nach der Hälfte der Backzeit das Brot aus dem Topf nehmen und freischwebend fertigbacken. Gut auskühlen lassen.

Emmer-Dinkel-Saatenbrot
aus dem Topf

Ein hervorragend saftiges Brot mit langer Frischhalte-Garantie. Bevor dieses Brot in den Ofen geschoben wird, kann der Teigling noch mit einem scharfen Messer kreuzweise eingeschnitten werden.

Sauerteig & Quellstück
Anstellgut mit Wasser und Mehl gut verrühren, bis keine Mehlreste mehr sichtbar sind, und abgedeckt bei Zimmertemperatur gehen lassen (ca. 8–12 h). **(1)** Für das Quellstück die Saaten mit dem heißen Wasser übergießen, verrühren und quellen lassen (ca. 8–12 h).

Hauptteig
(2) Sämtliche Zutaten vermengen, mit der Gabel gut verrühren und sofort weiterverarbeiten. Den Teig auf eine bemehlte Arbeitsfläche geben, **(3)** kurz mit den eingemehlten Händen rundwirken, **(4)** in ein gut bemehltes Simperl oder in eine Schüssel mit bemehltem Geschirrtuch geben und erneut aufgehen lassen (ca. 2 h).

Sauerteig	K	G
Anstellgut	80 g	100 g
Emmervollkornmehl	120 g	160 g
Wasser	130 ml	170 ml
Quellstück		
Leinsamen	30 g	40 g
Sonnenblumenkerne	30 g	40 g
Chiasamen	30 g	40 g
heißes Wasser	110 ml	150 ml
Hauptteig		
Sauerteig		
Quellstück		
Dinkelmehl Type 700	160 g	230 g
Wasser	30/50 ml	70/100 ml
Salz	8 g	12 g

Gesamtarbeitszeit

Meine Arbeitsschritte	Brotbackteam bei der Arbeit
ca. 5–10 Min.	**ca. 10–14 h**

Kleines Brot (K)
Simperl Ø 16 cm | Topf Ø 16–17 cm

Großes Brot (G)
Simperl Ø 18 cm | Topf Ø 20–21 cm

1

2

3

4

Backen

Den Backofen und den Topf mit Deckel vorheizen. Den Teig direkt aus dem Simperl in den heißen Topf stürzen, kreuzweise einschneiden und zugedeckt bei 240 Grad Ober- und Unterhitze je nach Brotgröße ca. 50–60 Minuten backen. **(5)** Nach der Hälfte der Backzeit das Brot aus dem Topf nehmen und freischwebend fertigbacken. Gut auskühlen lassen.

5

Tipp

Wenn ich das Brot einschneide, nehme ich weniger Flüssigkeit – 30 statt 50 ml bzw. 70 statt 100 ml –, weil der Teig sonst zum Einschneiden zu weich ist. Die sehr hohe Teigausbeute sorgt dafür, dass das Brot trotz weniger Flüssigkeit alles andere als trocken ist.

Emmer-Einkorn-Dinkel-Flockenbrot
aus dem Kasten

Bei diesem Kastenbrot werden verschiedene Flocken verwendet, zu je gleichen Teilen. Es ist empfehlenswert, nicht mehr Flocken und Saaten zu verwenden, als im Rezept angegeben ist, da dies bereits die obere Grenze ist. Die Haselnüsse entweder ganz oder nur sehr grob zerkleinert zum Teig geben. Am besten schmeckt dieses Brot zu selbst gemachter Haselnusscreme.

Sauerteig & Quellstück

(1) Anstellgut mit Wasser und Mehl gut verrühren, bis keine Mehlreste mehr sichtbar sind, und abgedeckt bei Zimmertemperatur gehen lassen (ca. 8–12 h). **(2)** Für das Quellstück die Saaten mit dem heißen Wasser übergießen, verrühren und quellen lassen (ca. 8–12 h).

Hauptteig

Sämtliche Zutaten des Hauptteigs vermengen und mit der Gabel verrühren, sodass keine Mehlreste mehr sichtbar sind. **(3)** Anschließend den Teig in eine eingefettete Kastenform füllen und mit nassen Händen andrücken und glatt streichen. Nach Belieben mit Saaten bestreuen, eventuell mit einer Teigkarte ein Muster in den Teig drücken und **(4)** diesen bei Zimmertemperatur gehen lassen (ca. 2 h).

Sauerteig	K
Anstellgut	80 g
Einkornvollkornmehl	60 g
Emmervollkornmehl	60 g
Wasser	130 ml
Quellstück	
Flocken (Hafer, Dinkel, Roggen, Gerste)	70 g
Leinsamen	20 g
Sonnenblumenkerne	20 g
Haselnüsse	30 g
heißes Wasser	130 ml
Hauptteig	
Sauerteig	
Quellstück	
Dinkelmehl Type 700	100 g
Wasser	50 ml
Salz	8 g

Helle Brote

Gesamtarbeitszeit

Meine Arbeitsschritte	Brotbackteam bei der Arbeit
ca. 5–10 Min.	**ca. 10–14 h**

Kleines Brot (K)
Kasten 20/11/7 cm

Backen

Den Backofen vorheizen. Den Kasten in den Ofen geben und bei 240 Grad Ober- und Unterhitze ca. 55 Minuten backen. Beim Hineingeben in den Ofen ein Stamperl Wasser auf den Ofenboden schütten und nach 10 Minuten schwaden, d.h. die Ofentür kurz öffnen und den Restdampf ablassen. **(5)** Nach der Hälfte der Backzeit das Brot aus dem Kasten nehmen und freischwebend fertigbacken. Gut auskühlen lassen.

Dinkel-Buchweizen-Saatenbrot
aus dem Topf

Der Geschmack dieses Brots ist einzigartig. Durch die Mischung von Saaten und Buchweizen kommt ein ganz besonderes Aroma zustande.
Wichtig: *Beim Buchweizen nicht viel mehr verwenden, als im Rezept angegeben. Ein Bekannter von mir machte kürzlich dieses Brot und teilte mir mit Bedauern mit, dass es nicht aufgegangen sei. Nach genauerem Nachfragen stellte sich heraus, dass der Hauptteig zur Gänze aus Buchweizen gemacht wurde, was nicht funktionieren kann! Buchweizen ist kein Weizen, sondern ein Knöterichgewächs wie der Sauerampfer und eignet sich daher beim Brotbacken nicht als Hauptzutat.*

Sauerteig & Quellstück
Anstellgut mit Wasser und Mehl gut verrühren, bis keine Mehlreste mehr sichtbar sind, und abgedeckt bei Zimmertemperatur gehen lassen (ca. 8–12 h). **(1)** Für das Quellstück die Saaten mit dem heißen Wasser übergießen, verrühren und quellen lassen (ca. 8–12 h).

Hauptteig
(2) Sämtliche Zutaten vermengen, mit der Gabel gut verrühren, sodass ein zäher Teig entsteht, und sofort weiterverarbeiten. Den Teig auf eine bemehlte Arbeitsfläche geben, **(3)** kurz mit den eingemehlten Händen schonend formen, in ein gut bemehltes Simperl geben und erneut aufgehen lassen (ca. 2 h).

Sauerteig	G
Anstellgut	100 g
Dinkelvollkornmehl	70 g
Roggenvollkornmehl	70 g
Wasser	140 ml
Quellstück	
Leinsamen	30 g
Sonnenblumenkerne	30 g
Haferflocken	30 g
Walnüsse	50 g
heißes Wasser	120 ml
Hauptteig	
Sauerteig	
Quellstück	
Buchweizenmehl	100 g
Dinkelmehl Type 700	180 ml
Wasser	140 ml
Salz	12 g

Gesamtarbeitszeit

Meine Arbeitsschritte	Brotbackteam bei der Arbeit
ca. 5–10 Min.	**ca. 10–14 h**

Großes Brot (G)
Simperl Ø 18 cm | Topf Ø 20–21 cm

Backen
Den Backofen und den Topf mit Deckel vorheizen. Den Teig direkt aus dem Simperl in den heißen Topf stürzen und zugedeckt bei 240 Grad Ober- und Unterhitze ca. 60 Minuten backen. **(4)** Nach der Hälfte der Backzeit das Brot aus dem Topf nehmen und freischwebend fertigbacken. Gut auskühlen lassen.

Dinkel-Kartoffelbrot
aus dem Topf

Die Kartoffeln sorgen für eine erstaunlich lange Frischhaltung. Sauerteig-Kartoffelbrote aus Dinkel gehören zu den besten Broten, weswegen es seltsam ist, dass sie kaum gemacht werden. Ein helles, leichtes Sauerteigbrot für eine Jause oder zu sommerlichen Gerichten. Hier veranschauliche ich mehrere Varianten: ein kleines Vollkornkartoffelbrot, ein großes gemischtes aus Vollkorn und hellem Mehl und ein kleines ganz helles. Das ganz helle schmeckt mit Abstand am fluffigsten, während das reine Vollkornkartoffelbrot sehr saftig, aber doch würziger schmeckt. Beim großen gemischten werden der Sauerteig und der Hauptteig je mit Dinkelvollkornmehl und Dinkelauszugsmehl Type 700 angesetzt.

Sauerteig

Anstellgut mit Wasser und Mehl gut verrühren, bis keine Mehlreste mehr sichtbar sind, und abgedeckt bei Zimmertemperatur gehen lassen (ca. 8–12 h).

Hauptteig

(1) Die Kartoffeln kochen, schälen, grob zerdrücken und auskühlen lassen. **(2)** Sämtliche Zutaten vermengen, mit der Gabel gut verrühren, sodass ein zäher Teig entsteht und sofort

Sauerteig	K (V1)	K (V2)	G
Anstellgut	80 g	80 g	120 g
Dinkelvollkornmehl	120 g		80 g
Dinkelmehl Type 700		120 g	80 g
Wasser	140 ml	140 ml	160 ml
Hauptteig			
Sauerteig			
Kartoffeln	120 g	120 g	240 g
Dinkelmehl Type 700		160 g	190 g
Dinkelvollkornmehl	160 g		100 g
Wasser	60 ml	40 ml	80 ml
Salz	8 g	8 g	12 g

Helle Brote

Gesamtarbeitszeit

Meine Arbeitsschritte	Brotbackteam bei der Arbeit
ca. 8–25 Min.*	**ca. 10–14 h**

* Bei diesem Brot ist die Arbeitszeit durch die Verarbeitung des Gemüses etwas länger.

Kleines Brot (K) Variante 1+2
Simperl Ø 16 cm | Topf Ø 16–17 cm

Großes Brot (G)
Simperl Ø 18 cm | Topf Ø 20–21 cm

1

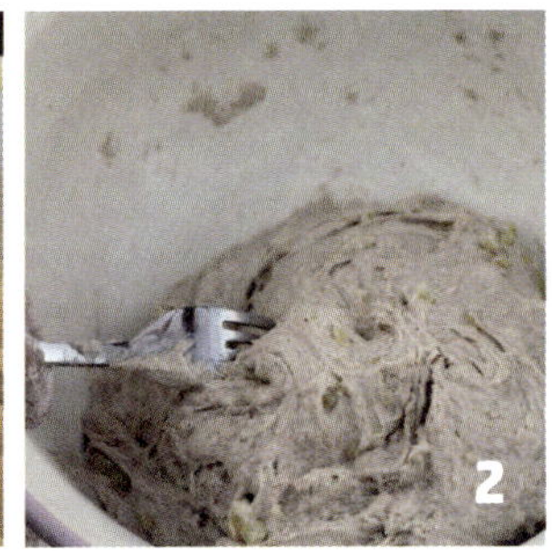
2

3

4

weiterverarbeiten. Den Teig auf eine bemehlte Arbeitsfläche geben, mit den eingemehlten Händen rundwirken, **(3)** in ein gut bemehltes Simperl geben und erneut aufgehen lassen (ca. 2 h).

Backen
Den Backofen und den Topf mit Deckel vorheizen. Den Teig direkt aus dem Simperl in den heißen Topf stürzen und zugedeckt bei 240 Grad Ober- und Unterhitze je nach Brotgröße ca. 50–60 Minuten backen. **(4)** Nach der Hälfte der Backzeit das Brot aus dem Topf nehmen und freischwebend fertigbacken. Gut auskühlen lassen.

Varianten
Reines Vollkornkartoffelbrot (V1)
Bäckt man dieses Brot ganz mit Vollkornmehl, so benötigt es mehr Wasser, da das volle Korn etwas mehr Wasser bindet.

Helles Kartoffelbrot (V2)
Dieses Brot wird nur mit Auszugsmehl zubereitet, deshalb ist etwas weniger Flüssigkeit zu verwenden. Es wird besonders weich und fluffig.

Für alle Kartoffelbrote gilt:
Die Kartoffeln nach dem Kochen wirklich gut auskühlen lassen und nicht ganz heiß unter den Teig mengen, da sonst die Mikroorganismen absterben und der Teig nicht mehr aufgeht, wie ich selbst durch meine Ungeduld erfahren musste: Ich schälte und würfelte die Kartoffeln, kochte sie, seihte sie ab, zerdrückte sie grob mit der Gabel und rührte sie unter den Teig. Aber da die Kartoffeln noch viel zu heiß waren, sah das Brot mehr wie ein Fladenbrot aus. Man kann die Kartoffeln ganz fein zerstampfen oder nur grob zerdrücken. Wenn man sie ganz fein zerstampft, etwas weniger Kartoffeln verwenden, da der Teig dadurch weicher wird.

Emmer-Dinkel-Zwiebel-Kartoffelbrot
aus dem Topf

Ein unschlagbar fantastisches Brot! Auch bei diesem Brot sollte man die Mengenangaben einhalten, da ein wenig mehr an Zwiebeln das Brot fast schon zu feucht werden lässt, sodass es erst am nächsten oder sogar übernächsten Tag hervorragend schmeckt. Ein Brot, das zu vielem passt, aber am besten zu frisch gesammelten und gebratenen Steinpilzen. Ein Festmahl!

1

2

3

4

Sauerteig
Anstellgut mit Wasser und Mehl gut verrühren, bis keine Mehlreste mehr sichtbar sind, und abgedeckt bei Zimmertemperatur gehen lassen (ca. 8–12 h).

Hauptteig
Die Kartoffeln kochen, schälen, grob zerdrücken und auskühlen lassen. Die Zwiebeln schälen, fein schneiden, goldbraun dünsten und ebenfalls auskühlen lassen. **(1)** Sämtliche Zutaten vermengen, mit der Gabel gut verrühren, sodass ein zäher Teig entsteht, und sofort weiterverarbeiten. **(2, 3)** Den Teig auf eine bemehlte Arbeitsfläche geben, mit den eingemehlten Händen rundwirken, **(4)** in ein gut bemehltes Simperl geben und erneut aufgehen lassen (ca. 2 h).

Backen
Den Backofen und den Topf mit Deckel vorheizen. Den Teig direkt aus dem Simperl in den heißen Topf stürzen und zugedeckt bei 240 Grad Ober- und Unterhitze je nach Brotgröße ca. 50–60 Minuten backen. Nach der Hälfte der Backzeit das Brot aus dem Topf nehmen und freischwebend fertigbacken. Gut auskühlen lassen.

Tipp
Kartoffeln und Zwiebeln unbedingt auskühlen lassen, damit das Brot gelingt! Die Zwiebeln wirklich gut anrösten, bis sie eine dunkle Farbe annehmen. Dazu ca. 180 g Zwiebeln anschwitzen, dann bleiben gut 60 g geröstete Zwiebeln über.

Gesamtarbeitszeit

Meine Arbeitsschritte	Brotbackteam bei der Arbeit
ca. 8–25 Min.*	**ca. 10–14 h**

* Bei diesem Brot ist die Arbeitszeit durch die Verarbeitung des Gemüses etwas länger.

Sauerteig	**K (V1)**	**K (V2)**	**G**
Anstellgut	80 g	80 g	100 g
Emmervollkornmehl	120 g	120 g	160 g
Wasser	120 ml	120 ml	180 ml
Hauptteig			
Sauerteig			
Kartoffeln	100 g	70 g	160 g
Zwiebeln, geröstet	60 g	50 g	100 g
Dinkelmehl Type 700	140 g	140 g	280 g
Wasser	40 ml	40 ml	100 ml
Salz	8 g	8 g	12 g

Kleines Brot (K) Variante 1+2
Simperl Ø 16 cm | Topf Ø 16–17 cm

Großes Brot (G)
Simperl Ø 18 cm | Topf Ø 20–21 cm

Kleines Brot mit etwas festerem Teig (V2)
Wenn man beim kleinen Brot etwas weniger Kartoffeln und Zwiebeln nimmt (70 g Kartoffeln und 50 g geröstete Zwiebeln), wird der Teig fester. Er wird daher um eine Spur schwerer zu verrühren sein, aber dafür leichter zum Rundwirken. Durch den festeren Teig wird das Brot um eine Spur trockener, geschmacklich ist kaum ein Unterschied festzustellen.

Dinkel-Kartoffel-Oliven-Tomatenbrot
aus dem Topf

Durch die Zugabe von Kartoffeln ein besonders saftiges und lange frisch bleibendes Oliven-Tomatenbrot. Die Wassermenge ist leicht variabel, da sie unter anderem von der Art, wie man die Kartoffeln zerdrückt, abhängt. Ich zerdrücke die Kartoffeln nur relativ grob, wodurch etwas weniger Wasser verwendet wird, als wenn man sie ganz fein zerstampft. Auch bei diesem Brot hat das kleine eine höhere Teigausbeute, ist also weicher als das große, das eine geringere Teigausbeute hat.

Sauerteig
Anstellgut mit Wasser und Mehl gut verrühren, bis keine Mehlreste mehr sichtbar sind, und abgedeckt bei Zimmertemperatur gehen lassen (ca. 8–12 h).

Hauptteig
(1) Die Kartoffeln schälen und würfeln, kochen, auskühlen lassen und grob mit der Gabel zerdrücken. Oliven und getrocknete Tomaten klein schneiden. Sämtliche Zutaten vermengen, mit der Gabel gut verrühren und sofort weiterverarbeiten. **(2)** Den Teig auf eine bemehlte Arbeitsfläche geben, kurz mit den eingemehlten Händen rundwirken, **(3)** in ein gut bemehltes Simperl geben und erneut aufgehen lassen (ca. 2 h).

Backen
Den Backofen und den Topf mit Deckel vorheizen. Den Teig direkt aus dem Simperl in den heißen Topf stürzen, mit einer Sprühflasche gut mit Wasser befeuchten und nach

Sauerteig	K	G
Anstellgut	80 g	100 g
Dinkelvollkornmehl	120 g	160 g
Wasser	130 ml	180 ml
Hauptteig		
Sauerteig		
Dinkelmehl Type 700	160 g	280 g
Kartoffeln	80 g	120 g
Oliven	40 g	60 g
getrocknete Tomaten	20 g	30 g
Wasser	40 ml	90 ml
Salz	8 g	12 g

Gesamtarbeitszeit

Meine Arbeitsschritte	Brotbackteam bei der Arbeit
ca. 8–25 Min.*	**ca. 10–14 h**

* Bei diesem Brot ist die Arbeitszeit durch die Verarbeitung des Gemüses etwas länger.

Kleines Brot (K)
Simperl Ø 16 cm | Topf Ø 16–17 cm

Großes Brot (G)
Simperl Ø 18 cm | Topf Ø 20–21 cm

Belieben mit Saaten bestreuen. Zugedeckt bei 240 Grad Ober- und Unterhitze je nach Brotgröße ca. 50–60 Minuten backen. **(4)** Nach der Hälfte der Backzeit das Brot aus dem Topf nehmen und freischwebend fertigbacken. Gut auskühlen lassen.

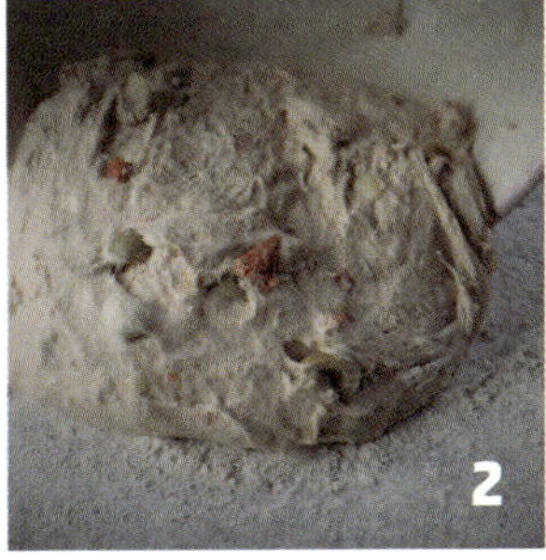
2

1

3

4

Anmerkung zu Gemüsebroten:
Brote mit Gemüse wie Kartoffeln, Zucchini oder Kürbis bereite ich meist dann zu, wenn ich ohnedies Kartoffeln aufstelle oder Zucchini rasple. Daher fällt bei mir die zusätzliche Arbeitszeit meist weg. Auch bei einem **Zwiebelbrot,** das ich sehr oft mache, röste ich bei einem Gericht meist mehr Zwiebeln an als benötigt und nehme diese dann am nächsten Tag für ein Brot. Ansonsten erhöht sich die Arbeitszeit durch die Zubereitung des Gemüses natürlich um ein paar Minuten.

Roggen-Dinkel-Kartoffelbrot
aus dem Kasten

Obwohl es sich um ein Roggenmischbrot handelt, ist es sehr hell. Mischt man bei einem Kartoffelbrot Roggenauszugsmehl mit Dinkelauszugsmehl, so erhält man ein super fluffiges, weiches, lang frisch bleibendes Brot.

Sauerteig
Anstellgut mit Wasser und Mehl gut verrühren, bis keine Mehlreste mehr sichtbar sind, und abgedeckt bei Zimmertemperatur gehen lassen (ca. 8–12 h).

Hauptteig
Zuerst die Kartoffeln kochen, schälen, auskühlen lassen und zerstampfen. **(1)** Sämtliche Zutaten des Hauptteigs vermengen und mit der Gabel verrühren, sodass keine Mehlreste mehr sichtbar sind. **(2)** Anschließend den Teig in eine eingefettete Kastenform füllen und mit nassen Händen andrücken und glatt streichen. **(3)** Nach Belieben mit Saaten bestreuen, eventuell mit einer Teigkarte ein Muster in den Teig drücken und diesen bei Zimmertemperatur gehen lassen (ca. 2 h).

Gesamtarbeitszeit

Meine Arbeitsschritte	Brotbackteam bei der Arbeit
ca. 8–25 Min.*	**ca. 10–14 h**

* Bei diesem Brot ist die Arbeitszeit durch die Verarbeitung des Gemüses etwas länger.

Sauerteig	**K**
Anstellgut	100 g
Roggenmehl Type 960	160 g
Wasser	180 ml
Hauptteig	
Sauerteig	
Kartoffeln	140 g
Dinkelmehl Type 700	180 g
Wasser	50 ml
Salz	8 g

Kleines Brot (K)
Kasten 20/11/7 cm

Backen

Den Backofen vorheizen. Den Kasten in den Ofen geben und bei 240 Grad Ober- und Unterhitze ca. 55 Minuten backen. Beim Hineingeben in den Ofen ein Stamperl Wasser auf den Ofenboden schütten und nach 10 Minuten schwaden, d.h. die Ofentür kurz öffnen und den Restdampf ablassen. **(4)** Nach der Hälfte der Backzeit das Brot aus dem Kasten nehmen und freischwebend fertigbacken. Gut auskühlen lassen.

Emmer-Dinkel-Rote-Rüben-Brot
aus dem Topf

Die Rote Rübe verleiht diesem Brot eine sehr rötliche Tönung. Besonders rot wird es, wenn man zusätzlich einen Rote-Rüben-Saft hineingibt. Nimmt man Wasser, wird das Brot etwas heller. Die oben abgebildeten Brote sind völlig identisch, sie wurden nur in unterschiedlichen Töpfen gebacken: Beim linken Brot war der Topf etwas größer, wodurch es etwas flacher ist.

Sauerteig

Anstellgut mit Wasser und Mehl gut verrühren, bis keine Mehlreste mehr sichtbar sind, und abgedeckt bei Zimmertemperatur gehen lassen (ca. 8–12 h).

Hauptteig

Zuerst die Kartoffeln und die Roten Rüben schälen, würfelig schneiden, kochen und auskühlen lassen. **(1, 2)** Sämtliche Zutaten vermengen, mit der Gabel gut verrühren, sodass ein zäher Teig entsteht. Den Teig auf eine bemehlte Arbeitsfläche geben, **(3)** kurz mit den eingemehlten Händen rundwirken, und mit dem Schluss nach unten in ein gut bemehltes Simperl geben und **(4)** erneut aufgehen lassen (ca. 2 h).

Backen

Den Backofen und den Topf mit Deckel vorheizen. Den Teig direkt aus dem Simperl in den heißen Topf stürzen, mit einer Sprühflasche gut mit Wasser befeuchten und mit schwarzem

Gesamtarbeitszeit

Meine Arbeitsschritte	Brotbackteam bei der Arbeit
ca. 8–25 Min.*	**ca. 10–14 h**

* Bei diesem Brot ist die Arbeitszeit durch die Verarbeitung des Gemüses etwas länger.

Sauerteig	**K**
Anstellgut	80 g
Emmervollkornmehl	120 g
Wasser	130 ml
Hauptteig	
Sauerteig	
Dinkelmehl Type 700	180 g
Rote Rüben	60 g
Kartoffeln	80 g
Rote-Rüben-Saft (oder Wasser)	60 ml
Salz	8 g

Kleines Brot (K)
Simperl Ø 16 cm | Topf Ø 16–17 cm

1

2

3

4

5

Sesam bestreuen. Zugedeckt bei 240 Grad Ober- und Unterhitze ca. 50 Minuten backen. **(5)** Nach der Hälfte der Backzeit das Brot aus dem Topf nehmen und freischwebend fertigbacken. Gut auskühlen lassen.

Emmer-Dinkel-Zucchini-Karottenbrot
aus dem Topf

Ein Zucchini-Karottenbrot mit schwarzem Sesam. Natürlich muss man dieses Brot nicht bestreuen bzw. kann man es mit Saaten nach Wahl belegen. Ich liebe es zum Beispiel ebenso mit Sonnenblumenkernen bestreut.

Sauerteig

(1) Anstellgut mit Wasser und Mehl gut verrühren, bis keine Mehlreste mehr sichtbar sind, und abgedeckt bei Zimmertemperatur gehen lassen (ca. 8–12 h).

Hauptteig

Zucchini und Karotten raspeln. **(2)** Sämtliche Zutaten vermengen, mit der Gabel gut verrühren und sofort weiterverarbeiten. Den Teig auf eine bemehlte Arbeitsfläche geben, **(3)** mit den eingemehlten Händen rundwirken, in ein gut bemehltes Simperl geben und erneut aufgehen lassen (ca. 2 h).

Variante: ein Brot mit einem etwas festeren Teig, der kreuzweise eingeschnitten wird.

Sauerteig	K (V1)	K (V2)	M
Anstellgut	80 g	80 g	90 g
Emmervollkornmehl	120 g	120 g	150 g
Wasser	120 ml	120 ml	160 ml
Hauptteig			
Sauerteig			
Dinkelmehl Type 700	160 g	170 g	190 g
Zucchini	80 g	60 g	90 g
Karotten	40 g	40 g	60 g
Karottensaft	50 ml	40 ml	60 ml
Salz	8 g	8 g	10 g

Gesamtarbeitszeit

Meine Arbeitsschritte	Brotbackteam bei der Arbeit
ca. 8–15 Min.*	**ca. 10–14 h**

* Bei diesem Brot ist die Arbeitszeit durch die Verarbeitung des Gemüses etwas länger.

Kleines Brot (K) Variante 1+2
Simperl Ø 16 cm | Topf Ø 16–17 cm

Mittleres Brot (M)
Simperl Ø 16 cm | Topf Ø 18–19 cm

Backen

Den Backofen und den Topf mit Deckel vorheizen. Den Teig direkt aus dem Simperl in den heißen Topf stürzen, **(4)** mit einer Sprühflasche gut mit Wasser befeuchten und mit schwarzem Sesam oder Saaten nach Wahl bestreuen. Zugedeckt bei 240 Grad Ober- und Unterhitze je nach Brotgröße ca. 50–60 Minuten backen. **(5)** Nach der Hälfte der Backzeit das Brot aus dem Topf nehmen und freischwebend fertigbacken. Gut auskühlen lassen.

Marillen-Saatenbrot
aus dem Kasten

Ein ideales Frühstücksbrot, das durch die Saaten besonders saftig ist. Die getrockneten Marillen verleihen dem Brot etwas Süßliches mit einer leicht säuerlichen Note. Hervorragend passen in dieses Brot ganze Haselnüsse. Man kann diese auch sehr grob schroten. Die getrockneten Marillen schneide ich ungefähr in haselnussgroße Stücke und mische sie unter den Hauptteig. Natürlich kann man statt dem Agavendicksaft auch Honig verwenden.

Sauerteig & Quellstück
(1) Anstellgut mit Wasser und Mehl gut verrühren, bis keine Mehlreste mehr sichtbar sind, und abgedeckt bei Zimmertemperatur gehen lassen (ca. 8–12 h). Für das Quellstück die Saaten mit dem heißen Wasser übergießen, verrühren und quellen lassen (ca. 8–12 h).

Hauptteig
(2) Sämtliche Zutaten des Hauptteigs vermengen und mit der Gabel verrühren, sodass keine Mehlreste mehr sichtbar sind. Anschließend den Teig in eine eingefettete Kastenform füllen und **(3)** mit nassen Händen andrücken und glatt streichen. Mit Mohn bestreuen, eventuell mit einer Teigkarte ein Muster in den Teig drücken und diesen bei Zimmertemperatur gehen lassen (ca. 2 h).

Sauerteig	K
Anstellgut	80 g
Einkornvollkornmehl	60 g
Roggenmehl Type 960	60 g
Wasser	120 ml
Quellstück	
Leinsamen	20 g
Sonnenblumenkerne	20 g
Chiasamen	20 g
Haselnüsse	50 g
heißes Wasser	110 ml
Hauptteig	
Sauerteig	
Quellstück	
Dinkelmehl Type 700	120 g
Roggenmehl Type 960	60 g
getrocknete Marillen	80 g
Agavendicksaft	20 g
Wasser	100 ml
Salz	8 g

Gesamtarbeitszeit

Meine Arbeitsschritte	Brotbackteam bei der Arbeit
ca. 6–12 Min.	**ca. 10–14 h**

Kleines Brot (K)
Kasten 20/11/7 cm

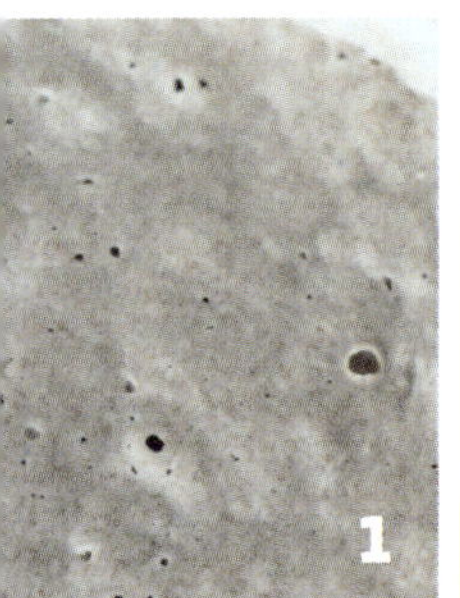
1

2

3

Backen
Den Backofen vorheizen. Den Kasten in den Ofen geben und bei 240 Grad Ober- und Unterhitze ca. 55 Minuten backen. Beim Hineingeben in den Ofen ein Stamperl Wasser auf den Ofenboden schütten und nach 10 Minuten schwaden, d.h. die Ofentür kurz öffnen und den Restdampf ablassen. **(4)** Nach der Hälfte der Backzeit das Brot aus dem Kasten nehmen und freischwebend fertigbacken. Gut auskühlen lassen.

4

Schokoladen-Saatenbrot
aus dem Kasten

Ein ideales Frühstücksbrot. Dazu passt am besten eine selbst gemachte Haselnusscreme. Ich gebe in den Teig ganze Haselnüsse. Man kann diese genauso gut durch Mandeln ersetzen. Auch angereichert mit Rosinen schmeckt das Brot hervorragend. Welche Schokolade man nimmt, ist Geschmackssache. Der Teig ist recht weich und daher leicht zu verrühren und sehr saftig. Ich bestreue dieses Brot am liebsten mit Mohn.

Sauerteig & Quellstück
Anstellgut mit Wasser und Mehl gut verrühren, bis keine Mehlreste mehr sichtbar sind, und abgedeckt bei Zimmertemperatur gehen lassen (ca. 8–12 h). Für das Quellstück die Saaten mit dem heißen Wasser übergießen, verrühren und quellen lassen (ca. 8–12 h).

Hauptteig
Die Schokolade in nussgroße Stücke zerbröckeln. **(1)** Sämtliche Zutaten des Hauptteigs vermengen und mit der Gabel verrühren, sodass keine Mehlreste mehr sichtbar sind. **(2)** Anschließend den Teig in eine eingefettete Kastenform füllen und mit nassen Händen

Sauerteig	K
Anstellgut	80 g
Roggenvollkornmehl	120 g
Wasser	120 ml
Quellstück	
Leinsamen	20 g
Sonnenblumenkerne	20 g
Chiasamen	20 g
Haselnüsse	40 g
heißes Wasser	100 ml
Hauptteig	
Sauerteig	
Quellstück	
Dinkelmehl Type 700	160 g
Schokolade	70 g
Kakaopulver	20 g
Agavendicksaft	20 g
Wasser	50 ml
Salz	8 g

Gesamtarbeitszeit

Meine Arbeitsschritte	Brotbackteam bei der Arbeit
ca. 5–10 Min.	**ca. 10–14 h**

Kleines Brot (K)
Kasten 20/11/7 cm

andrücken und glatt streichen. Mit Mohn bestreuen, eventuell mit einer Teigkarte ein Muster in den Teig drücken und diesen bei Zimmertemperatur gehen lassen (ca. 2 h).

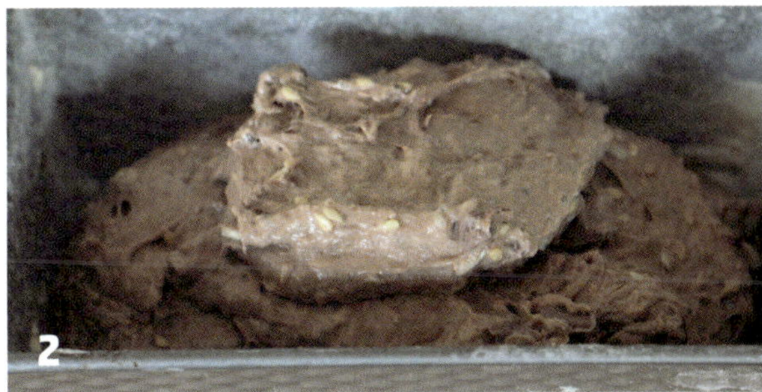

Backen

Den Backofen vorheizen. Den Kasten in den Ofen geben und bei 240 Grad Ober- und Unterhitze ca. 55 Minuten backen. Beim Hineingeben in den Ofen ein Stamperl Wasser auf den Ofenboden schütten und nach 10 Minuten schwaden, d.h. die Ofentür kurz öffnen und den Restdampf ablassen. Nach der Hälfte der Backzeit das Brot aus dem Kasten nehmen und freischwebend fertigbacken. Gut auskühlen lassen.

Tipp

Macht man dieses Brot in einem Topf, so kann man etwas weniger Wasser, 40 statt 50 ml, verwenden, muss es aber nicht, da er auch so noch formbar ist.

Alles-auf-einmal-Methode

Diese Methode ist die wirklich einfachste Weise, reines Sauerteigbrot zu backen, denn es gibt nur einen einzigen Arbeitsschritt. Voraussetzung dafür sind Erfahrungswerte über das eigene Anstellgut.

Kennt man sein eigenes Anstellgut, so ist es einfach: Alle Zutaten werden auf einmal vermengt, mit der Gabel verrührt, gleich darauf in den Kasten gefüllt, glatt gestrichen, eventuell mit Saaten belegt und abgedeckt 4–8 Stunden ins Warme gestellt. Danach kommt der Teig in den Ofen. Einfacher geht es nicht.

Wie lange der Teigling nach dem Verrühren im Kasten bleibt, hängt vorwiegend von folgenden Variablen ab: der Aktivität und Menge des Anstellgutes, der Teigausbeute und der Außentemperatur. Bei einem aktiven Anstellgut mit hoher Teigausbeute sowie sommerlichen Temperaturen von gut 30 Grad reichen circa 4 Stunden. Ist es kälter und steht der Teigling über Nacht bei knapp 20 Grad, so kann es auch um die acht Stunden dauern.

Da das Anstellgut kein genormtes Produkt wie ein Hefewürferl ist, hat jedes Anstellgut etwas andere Eigenschaften. Setze ich Sauerteig und Hauptteig in zwei Schritten an, so kann ich durch den Hauptteig noch regulierend eingreifen: Selbst wenn der Sauerteig schon etwas überreif ist, kann ich das durch den Hauptteig, wo wieder Mehl und Wasser vermischt werden, ausgleichen. Der Hauptteig ist für die Mikroorganismen nur eine willkommene Fütterung, bei der sie wieder zu Kräften kommen.

Bei der Alles-auf-einmal-Methode gibt es nur eine Fütterung, aber auch hier kann man etwas regulierend eingreifen: Gerade kürzlich setzte ich zu Mittag einen Teig an, den ich um 18 Uhr in den Ofen schieben wollte.

Gesamtarbeitszeit

(Vom Sauerteig bis zum fertigen Brot)

	Meine Arbeitsschritte	**„Brotbackteam" bei der Arbeit**
Sauerteig	mischen & verrühren ca. 4 Min.	aufgehen lassen ca. 4–8 h
Backen	ab in den Ofen ca. 1 Min.	backen ca. 50–60 Min.
Gesamtzeit	**ca. 5 Min.**	**ca. 5–9 h**

Erfahrungsgemäß ist der Teig zu dieser Zeit in voller Reife und bereit zum Backen. Leider musste ich nochmals außer Haus und konnte den Teig erst viel später in den Ofen schieben. So kam der Teig abgedeckt in den Kühlschrank, wo er nur mehr ganz minimal nachreifte. Gegen 23 Uhr schob ich den Teig direkt aus dem Kühlschrank in den vorgeheizten Ofen. Das Brot schmeckte hervorragend.

Für die Alles-auf-einmal-Methode sollte man also seinen Sauerteig durch Erfahrungswerte kennen. Verfügt man über diese Erfahrungswerte, ist es die reinste Freude, mit dieser Methode Brot zu backen. Wenn man sein Anstellgut noch nicht so gut kennt, sollte man bei dieser Methode zumindest hin und wieder einen Blick auf die Reife werfen, denn der Teig gehört bei voller Gare in den Ofen, um das beste Ergebnis zu erzielen. Der Teig ist reif, wenn er deutlich an Volumen zugenommen hat, sich fast bis zum Rand nach oben wölbt und von zahlreichen Löchern durchzogen ist.

Teigling, nachdem er in den Kasten gefüllt wurde

Tipp

Über die Temperatur kann man bei einem Sauerteigbrot ganz einfach den Geschmack steuern. Kühlere Temperaturen führen zu einem wesentlich säuerlicheren Brot wie warme Temperaturen.

Reifer Teigling nach circa sechs Stunden

Hinweis

Mit der Alles-auf-einmal-Methode kann man auch runde Brote backen. Ideal sind dafür runde Silikon- oder Springformen. Besonders mit einer Springform ist es sehr einfach, da diese leicht zu öffnen ist.

Roggen-Dinkel-Haselnussbrot
aus dem Kasten

Ein großartiges Brot, das durch die Haselnüsse sowie die Mischung aus Roggen und Dinkel ein ganz besonderes Aroma bekommt. Am einfachsten ist es, zuerst das Anstellgut, dann das Wasser und zum Schluss Mehl und Salz zuzugeben und den Teig mit der Gabel kurz zu verrühren.

Alles auf einmal

Gesamtarbeitszeit

Meine Arbeitsschritte	Brotbackteam bei der Arbeit
ca. 5 Min.	**ca. 5–9 h**

Sauerteig & Hauptteig	**K**
Anstellgut	80 g
Roggenvollkornmehl	200 g
Dinkelvollkornmehl	80 g
Roggenmehl Type 960	80 g
Haselnüsse, sehr grob gehackt	50 g
Wasser	340 ml
Salz	8 g

Kleines Brot (K)
Kasten 20/11/7 cm

Sauerteig & Hauptteig
(1) Alle Zutaten vermengen und mit der Gabel zu einem geschmeidigen Teig verrühren. **(2)** Den Teig in eine eingefettete und mit Mehl bestäubte Kastenform füllen und **(3)** mit nassen Händen andrücken und glatt streichen. Nach Belieben mit Saaten bestreuen, eventuell mit einer Teigkarte ein Muster in den Teig drücken und **(4)** diesen im Warmen aufgehen lassen (ca. 4–8 h).

Backen
Den Backofen vorheizen. Den Kasten in den Ofen geben und bei 240 Grad Ober- und Unterhitze ca. 50 Minuten backen. Beim Hineingeben in den Ofen ein Stamperl Wasser auf den Ofenboden schütten und nach 10 Minuten schwaden, d.h. die Ofentür kurz öffnen und den Restdampf ablassen. **(5)** Nach der Hälfte der Backzeit das Brot aus dem Kasten nehmen und freischwebend fertigbacken. Gut auskühlen lassen.

Roggen-Dinkel-Saatenbrot
aus dem Kasten

In nur einem Arbeitsschritt werden alle Zutaten, auch die Saaten, vermischt und gleich anschließend in den Kasten gefüllt. Bei der Alles-auf-einmal-Methode braucht es kein extra Quellstück für die Saaten, da der Teig ohnedies sehr weich ist und lange geht. Am einfachsten ist es, zuerst das Anstellgut, dann das Wasser, dann die Saaten und zum Schluss Mehl und Salz zuzugeben und den Teig mit der Gabel kurz zu verrühren.

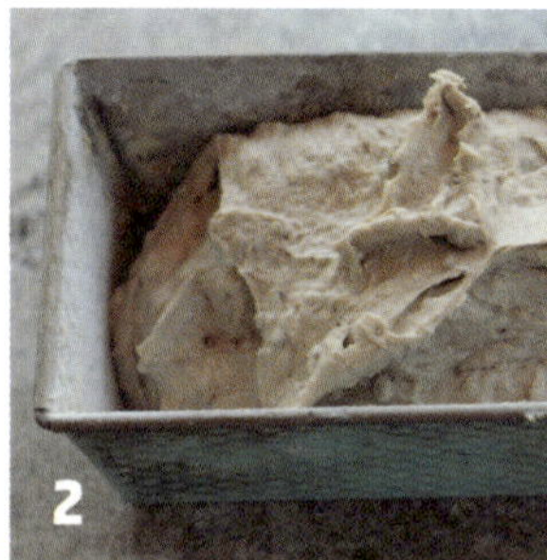

Sauerteig & Hauptteig
(1) Alle Zutaten vermengen und mit der Gabel zu einem geschmeidigen Teig verrühren. **(2)** Den Teig in eine eingefettete und mit Mehl bestäubte Kastenform füllen und mit nassen Händen andrücken und glatt streichen. **(3)** Nach Belieben mit Saaten bestreuen, eventuell mit einer Teigkarte ein Muster in den Teig drücken und diesen im Warmen aufgehen lassen (ca. 4–8 h).

Backen
Den Backofen vorheizen. Den Kasten in den Ofen geben und bei 240 Grad Ober- und Unterhitze ca. 50 Minuten backen. Beim Hineingeben in den Ofen ein Stamperl Wasser auf den Ofenboden schütten und nach 10 Minuten schwaden, d.h. die Ofentür kurz öffnen und den Restdampf ablassen. **(4)** Nach der Hälfte der Backzeit das Brot aus dem Kasten nehmen und freischwebend fertigbacken. Gut auskühlen lassen.

Alles auf einmal

Sauerteig & Hauptteig	K
Anstellgut	80 g
Roggenvollkornmehl	180 g
Dinkelvollkornmehl	70 g
Roggenmehl Type 960	70 g
Sonnenblumenkerne	30 g
Leinsamen	30 g
Wasser	320 ml
Salz	8 g

Gesamtarbeitszeit

Meine Arbeitsschritte	Brotbackteam bei der Arbeit
ca. 5 Min.	**ca. 5–9 h**

Kleines Brot (K)
Kasten 20/11/7 cm

Tipp
Wenn es der Zeitplan erfordert, kann man auch nur circa 20 g Anstellgut nehmen, aber dafür den Teig bei Zimmertemperatur zwischen 10 und 12 Stunden gehen lassen. Soll das Brot hingegen schneller fertig werden, so nimmt man gut 100 g Anstellgut und stellt die Kastenform im Winter auf den Heizkörper oder im Sommer auf eine Fensterbank, die nicht zu heiß wird, so ist der Teig in der Regel in circa 4–5 Stunden reif.

Dinkel-Saatenbrot
aus dem Kasten

Helle Sauerteigsaatenbrote mit Mohn bestreut schmecken einfach ganz besonders gut als Frühstücksbrot. Auch bei diesem Brot gilt es, auf die Teigreife zu achten.

Alles auf einmal

Gesamtarbeitszeit

Meine Arbeitsschritte	Brotbackteam bei der Arbeit
ca. 5 Min.	**ca. 5–9 h**

Sauerteig	**K**
Anstellgut	80 g
Dinkelmehl Type 960	160 g
Dinkelvollkornmehl	140 g
Sonnenblumenkerne	25 g
Leinsamen	25 g
Chiasamen	25 g
Wasser	290 ml
Salz	8 g

Kleines Brot (K)
Kasten 20/11/7 cm

Sauerteig & Hauptteig

(1) Alle Zutaten vermengen und mit der Gabel zu einem geschmeidigen Teig verrühren. **(2)** Den Teig in eine eingefettete und mit Mehl bestäubte Kastenform füllen und **(3)** mit nassen Händen andrücken und glatt streichen. **(4)** Mit Mohn bestreuen, eventuell mit einer Teigkarte ein Muster in den Teig drücken und diesen im Warmen aufgehen lassen (ca. 4–8 h).

Backen

Den Backofen vorheizen. Den Kasten in den Ofen geben und bei 240 Grad Ober- und Unterhitze ca. 50 Minuten backen. Beim Hineingeben in den Ofen ein Stamperl Wasser auf den Ofenboden schütten und nach 10 Minuten schwaden, d.h. die Ofentür kurz öffnen und den Restdampf ablassen. **(5)** Nach der Hälfte der Backzeit das Brot aus dem Kasten nehmen und freischwebend fertigbacken. Gut auskühlen lassen.

Fladenbrote aus Sauerteig

Ich liebe Sauerteigfladen. Sie gehören zu den ältesten Broten und wurden nicht selten aus Teigresten zubereitet. Aus alten Koch- und Backbüchern erfährt man die Kunst des Verwertens – nichts wurde weggeworfen. Ursprünglich wurden Fladenbrote aus Sauerteig zubereitet, bis die Hefe Einzug hielt und die Sauerteigfladen allmählich verdrängte. Für dieses Buch habe ich einige wenige ausgewählt, die ich selbst oft und gerne zubereite.

Bei Fladenbroten ist der Teig fester als bei meinen Topfbroten, daher muss er geknetet werden. Am einfachsten geht dies mit einer Küchenmaschine. Ich knete Teige meistens in einer Schüssel mit Teigkarten (siehe S. 50) oder mit den Handballen (siehe S. 51) auf der Arbeitsfläche. Die Zutaten zu mischen und zu verkneten dauert circa fünf Minuten.

Angaben zur Gehzeit von Fladenbroten sind schwierig. Nach dem Kneten sollte der Teig je nach Temperatur circa acht Stunden gut abgedeckt gehen. Bei hochsommerlichen Temperaturen reichen auch vier Stunden. Stellt man den Teig in den Kühlschrank, so sind zuerst gut zwei Stunden in der Wärme zu empfehlen, da er dann ohne Weiteres drei Tage im Kühlschrank aufbewahrt werden kann, wo er nur mehr ganz minimal weiterreift. Die Gärsteuerung durch Kälteeinwirkung, wie Gärverzögerungen durch eine Kühlschrankgare, führt nachweislich zu relevant besseren Aromen im Brot („Brandt, Wissensforum Backwaren", die Gärsteuerung mittels Kältetechnik). Bei Sauerteigen ist zu beachten, dass Sauerteige im Kühlen auch saurer schmecken, was meiner Erfahrung nach aber sehr gut zu Fladenbroten passt.

Hat man die Einfachheit von Fladenbroten, die schnelle Zubereitung, die leichte Handhabe durch die Kühlschrankgare einmal zu schätzen gelernt, steht ständig ein Teig im Kühlschrank. Gerade Naanbrote passen zu unzähligen Gerichten und schmecken mit Sauerteig einfach unwiderstehlich gut.

Bei den folgenden Rezepten ist bei der Gesamtarbeitszeit die Zeit, die man beispielsweise für Pizzabelag, eine Fülle oder eine Schnittlauchsoße benötigt, nicht eingerechnet. Diese bezieht sich nur auf den Teig selbst.

Gesamtarbeitszeit

(Vom Sauerteig bis zum fertigen Brot)

Meine Arbeitsschritte		**„Brotbackteam" bei der Arbeit**	
Mischen & kneten	ca. 5 Min.	Aufgehen lassen	ca. 8–72 h
Teige bearbeiten	ca. 5–10 Min.	Backen	ca. 5–10 Min.
Gesamtzeit	**ca. 10–15 Min.**		**ca. 9–73 h**

Für alle Fladen gilt:

Die Fladen können, wie erwähnt, nach 4–8 Stunden Gehzeit im Warmen oder aus dem Kühlschrank zubereitet werden. Kommen die Teiglinge aus dem Kühlschrank, diese anschließend gut eine halbe Stunde abgedeckt akklimatisieren lassen. **(1)** Auf jeden Fall muss man die abgestochenen Teiglinge ganz kurz rundformen. Das ist deshalb wichtig, damit man sie wirklich ganz rund und dünn ausrollen kann. **(2–4)** Dazu einen kleinen Teigling leicht aufziehen und in der Mitte zusammendrücken. Dies zwei-, dreimal wiederholen. **(5, 6)** Dann den Teigling umdrehen und kurz rundschleifen, d.h. den Teigling im Mehl, wie wenn man etwas schleift, hin und her bewegen. Das Ganze dauert nicht mal eine Minute. **(7)** Nun für Pizza, Krautfosn, Feuerflecken oder Teigtaschen den Teigling etwas platt drücken und **(8)** mit einem dünnen Nudelwalker ausrollen. Bei Naanbroten reicht es, sie mit den Händen platt zu drücken und auf die gewünschte Größe auseinanderzuziehen.

Burgenländische Krautfosn

Krautfosn gehören zwar zur burgenländischen Küche, sind jedoch völlig in Vergessenheit geraten. Rezepte findet man nur mehr in Flohmarktbüchern von anno dazumal. Ursprünglich wurden die Fosn aus dem Rest eines Brotteigs zubereitet. Man kratzte die Reste aus dem Teigtrog und walzte daraus Flecken. Diese wurden mit kleingeschnittenem Kraut, das mit Schmalz, Sauerrahm, Salz und Pfeffer vermengt wurde, belegt und dann taschenartig über der Fülle zusammengeschlagen und im Brotbackofen oder auf der heißen Herdplatte gebacken. Ich finde, sie schmecken in der Crêpepfanne gebacken am besten. Genaue Mengen- und Mehlangaben sowie Anleitungen zum taschenartigen Zusammenklappen finden sich in alten Rezepten nicht. Da muss man selbst kreativ werden. Für die Fülle verwende ich eine schmalzlos vegane Variante, die aber sehr würzig und deftig schmeckt.

Teig
Alle Zutaten mischen und im Küchengerät, mit der Hand oder mit zwei Teigkarten in einer Schüssel kneten und den Teig circa 8 Stunden aufgehen lassen.

Fülle
Das Öl erhitzen und die kleingeschnittene Zwiebel andünsten. Nach ein paar Minuten das kleingeschnittene Kraut und den würfelig geschnittenen Räuchertofu zugeben, kurz mitdünsten, würzen und beiseite stellen.

Fladenbrote

Gesamtarbeitszeit

Meine Arbeitsschritte	Brotbackteam bei der Arbeit
ca. 10–15 Min.	**ca. 9–73 h**

Grundteig	
Anstellgut	40 g
Weizenmehl Type 480	400 g
Dinkelmehl Type 700	100 g
Wasser	280 ml
Salz	10 g
Fülle	
Öl	
Zwiebel	1 kleine
Krautkopf	ein halber kleiner
Räuchertofu	etwas
Salz, Pfeffer, eventuell Paprikapulver, geräuchert	nach Belieben

Zubereitung

(1) Einen Löffel Teigling abstechen, in den Händen zu einer kleinen Kugel formen und auf eine bemehlte Arbeitsfläche geben. **(2)** Den Teigling mit dem Nudelwalker sehr dünn auswalzen und belegen.

(3–6) Anschließend den belegten Teigling viermal einschlagen und die Ränder zusammendrücken, sodass er ein Rechteck ergibt. Dann den eingeschlagenen Teigling nochmals vorsichtig mit dem Nudelwalker ein wenig auswalzen. Der ganze Vorgang vom Auswalzen, Belegen und Einschlagen dauert je nach Übung 2–3 Minuten. **(7)** Dann den Teigling in einer beschichteten Pfanne beidseitig sehr heiß herausbacken. Ich verwende so gut wie kein Öl, dadurch kommt der Geschmack des Sauerteigs besser zur Geltung.

1

2

3

4

5

6

7

Niederösterreichische Feuerflecken

Die klassischen Feuerflecken gehen ebenfalls darauf zurück, dass Reste des Teiges aus dem Teigtrog zusammengekratzt und nach dem Auswalzen entweder im Backofen oder einst auf der heißen Herdplatte gebacken wurden. Der Teig der Feuerflecken besteht meist aus Weizen- und Roggenmehl in verschiedenen Mischverhältnissen. Feuerflecken kann man mit Hefe oder Sauerteig zubereiten, was auch Auswirkungen auf den Geschmack hat. Das Spezielle an den Feuerflecken ist der Belag, eine Soße aus Sauerrahm, Schnittlauch und Knoblauch, die über die noch heißen Flecken verteilt wird. Anschließend werden die Flecken eingerollt und sofort verzehrt, da sie frisch am besten schmecken. Ich bereite eine vegane Variante mit Sojajoghurt, Schnittlauch und viel Knoblauch zu.

Teig
Alle Zutaten mischen und im Küchengerät, mit der Hand oder mit zwei Teigkarten in einer Schüssel kneten und den Teig circa 8 Stunden aufgehen lassen.

Fülle
Den Knoblauch schälen und fein schneiden. Den Schnittlauch klein schneiden. Alle Zutaten für die Fülle in einer Schüssel miteinander vermischen.

Fladenbrote

Gesamtarbeitszeit

Meine Arbeitsschritte	Brotbackteam bei der Arbeit
ca. 10–15 Min.	**ca. 9–73 h**

Grundteig	
Anstellgut	40 g
Dinkelmehl Type 700	350 g
Roggenmehl Type 960	150 g
Wasser	280 ml
Salz	10 g
Fülle	
Sojajoghurt	1
Schnittlauch	sehr viel
Knoblauch	nach Geschmack
Salz und Pfeffer	nach Belieben

1

2

3

4

5 6

7

Zubereitung

(1) Einen Löffel Teigling abstechen, zu einer kleinen Kugel formen und auf eine bemehlte Arbeitsfläche geben. **(2, 3)** Mit den Händen etwas platt drücken und mit dem Nudelwalker wirklich sehr dünn auswalzen. **(4)** In die Pfanne geben und ohne Öl ganz heiß und kurz beidseitig backen, bis der Teig Blasen wirft und sich verfärbt. **(5)** Anschließend den Teigling auf der Arbeitsfläche mit Schnittlauchsoße bestreichen. **(6, 7)** Danach zuerst eine Seite einschlagen, damit die Soße nicht herausrinnen kann, und dann einrollen und sofort genießen.

Sauerteignaanbrot

Ein wirklich einfaches Brot, bei dem ich mich immer wieder wundere, wie selten es bei uns zubereitet wird. Es ist fluffig, sehr leicht zu machen und passt zu unendlich vielen Gerichten, allen voran zu Eintöpfen und indischen Currys. Es sollte frisch aus der Pfanne gegessen werden, da es so mit Abstand am besten schmeckt. Da sich der Teig über einige Tage hält, braucht man ihn nur aus dem Kühlschrank nehmen, ein paar Löffel davon abstechen, diese platt drücken und gleich in der heißen Pfanne herausbacken. Bei der Zubereitung von Naanbrot gibt es unzählige Möglichkeiten: Beispielsweise kann man in den Teig indische Gewürzmischungen einarbeiten oder einen Teil des Wassers durch Joghurt ersetzen. Besonders bewährt hat sich auch eine Mischung aus Dinkelauszugsmehl und Dinkelvollkornmehl oder das Zugeben von Erbsen, das geschmacklich auf jeden Fall einen Versuch wert ist.

1

2

3

Teig
Alle Zutaten mischen und im Küchengerät, mit der Hand oder mit zwei Teigkarten in einer Schüssel kneten und den Teig circa 8 Stunden aufgehen lassen.

Zubereitung
(1, 2) Aus dem vorbereiteten Teig mit dem Löffel Teiglinge ausstechen, sie auf eine gut bemehlte Arbeitsfläche geben und platt drücken. Naanbrot gehört nicht zu dünn ausgerollt. Es sollte innen fluffig und außen ganz leicht knusprig sein. **(3)** Anschließend die platten Teiglinge in eine heiße, leicht eingeölte Pfanne geben und sie unter Wenden auf beiden Seiten herausbacken. In gut 2–3 Minuten ist ein Naanbrot fertig.

Fladenbrote

Gesamtarbeitszeit

Meine Arbeitsschritte	Brotbackteam bei der Arbeit
ca. 10–15 Min.	**ca. 9–73 h**

Grundteig für Naanbrot

Anstellgut	40 g
Dinkelmehl Type 700	400 g
Dinkelvollkornmehl	100 g
lauwarmes Wasser	320 ml
Salz	10 g

Naanbrot mit Erbsen

Anstellgut	40 g
Dinkelmehl Type 700	400 g
Dinkelvollkornmehl	100 g
Erbsen	60 g
lauwarmes Wasser	300 ml
Salz	10 g

Tipp
Verwendet man beim Herausbacken ganz wenig Öl, so kommt der Geschmack des Naanbrots besonders gut zur Geltung. Es reicht auch, eine beschichtete Pfanne dünn mit Öl einzustreichen.

Bei der Variante mit Erbsen:
Verwendet man tiefgekühlte Erbsen, diese kurz kochen, absieben, auskühlen lassen, etwas mit der Gabel zerdrücken und unter den Teig mischen.

Kleine Sauerteigpizzen

Diese kleinen Pizzen schmecken wunderbar. Der Teig lässt sich hauchdünn auseinanderziehen. Für eine kleine Minipizza reicht eine Teigmenge zwischen 50 und 70 g. Mit diesem Teig kann man auch große Pizzen ausrollen. Bei Pizzateigen kann man die Wassermenge variieren: Für hauchdünne Pizzen nimmt man etwas weniger Flüssigkeit als für etwas dickere Pizzen.

Teig
Alle Zutaten mischen und im Küchengerät, mit der Hand oder mit zwei Teigkarten in einer Schüssel circa 3–5 Minuten kneten und den Teig circa 8 Stunden aufgehen lassen.

Belag
Der Belag ist Geschmackssache. Diese Pizza wurde mit Tomatensoße bestrichen, mit frischen Pilzen belegt und mit etwas Knoblauchöl beträufelt.

Fladenbrote

Gesamtarbeitszeit

Meine Arbeitsschritte	Brotbackteam bei der Arbeit
ca. 10–15 Min.	**ca. 9–73 h**

Grundteig	
Anstellgut	40 g
Weizenmehl Type 480	400 g
Dinkelmehl Type 700	100 g
Wasser	280–300 ml
Salz	10 g

Zubereitung

(1) Aus dem vorbereiteten Teig einen vollen Esslöffel herausstechen. **(2–4)** Mit der Hand eine Kugel formen, sie platt drücken und sehr dünn auswalzen. Die Ränder etwas dicker lassen. **(5)** Mit etwas Öl einpinseln, mit Tomatensoße bestreichen und mit Pilzen – oder je nachdem worauf man Lust hat – belegen. Den Backofen vorheizen und bei 240–250 Grad Ober- und Unterhitze ca. 10 Minuten backen.

Teigtaschen

Diese Teigtaschen sind wirklich einen Versuch wert. Der Teig gehört sehr dünn ausgerollt! Dazu etwa Teiglinge (circa 60 g) abstechen und auf circa 18 cm ausrollen. Für die Fülle nehme ich oft Kartoffeln, Spinat und veganen Schafkäse, aber sie schmecken genauso gut mit vielen anderen Füllungen.

Teig
Alle Zutaten im Küchengerät oder mit der Hand kneten und den Teig gut 8 Stunden aufgehen lassen.

Fülle 1
Etwas Öl erhitzen, darin die kleingeschnittene Zwiebel andünsten und nach ein paar Minuten den Spinat zugeben. Gekochte, klein würfelige Kartoffeln zerdrücken und untermengen. Den veganen Schafkäse zugeben, würzen und beiseite stellen.

Fülle 2
Etwas Öl erhitzen, darin die kleingeschnittene Zwiebel andünsten und nach ein paar Minuten den Mangold zugeben. Gekochte, klein würfelige Karotten und gekochte Karfiolröschen zerdrücken und untermengen. Den veganen Schafkäse zugeben, würzen und beiseite stellen.

Fladenbrote

Gesamtarbeitszeit

Meine Arbeitsschritte	Brotbackteam bei der Arbeit
ca. 10–15 Min.	**ca. 9–73 h**

Grundteig	
Anstellgut	40 g
Weizenmehl Type 480	400 g
Dinkelmehl Type 700	100 g
Wasser	260 ml
Öl	ein kleiner Schuss
Salz	10 g

Fülle 1	
Öl	etwas
Zwiebel	eine kleine
Kartoffeln	nach Belieben
Spinat	nach Belieben
veganer Schafkäse	nach Belieben
Salz, Pfeffer und geriebene Muskatnuss	nach Belieben

Fülle 2	
Öl	etwas
Zwiebel	eine kleine
Mangold	nach Belieben
Karotten	nach Belieben
Karfiolröschen	nach Belieben
veganer Schafkäse	nach Belieben
Salz, Pfeffer und geriebene Muskatnuss	nach Belieben

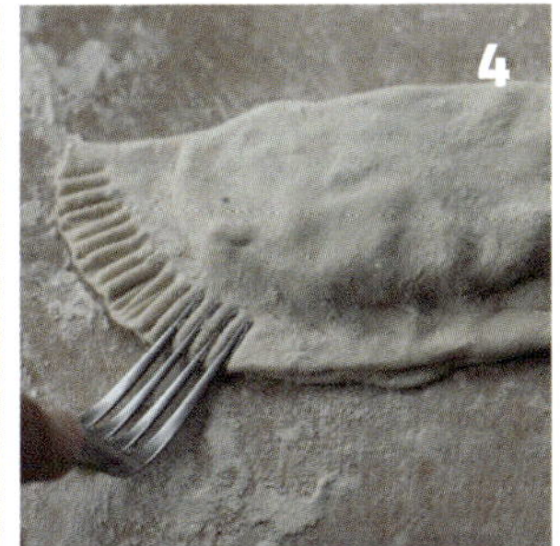

Zubereitung
Aus dem vorbereiteten Teig einen vollen Esslöffel herausstechen, kurz rundwirken, auf eine bemehlte Arbeitsfläche geben und **(1)** mit dem Nudelwalker sehr dünn auswalzen und **(2)** nach Belieben belegen. **(3)** Anschließend den Teigling genau übereinanderklappen und **(4)** die Ränder mit der Gabel sehr gut verschließen, sodass sie wie ein Reißverschluss aussehen. Der ganze Vorgang dauert je nach Übung kaum 5 Minuten. **(5)** Nun den Teigling in einer beschichteten Pfanne beidseitig sehr heiß herausbacken. Ich verwende so gut wie kein Öl, dann kommt der Geschmack des Sauerteigs meines Erachtens besser zur Geltung.

Gefüllte Fladen

Zum Abschluss noch etwas ganz Besonderes, das ich sehr gern zubereite: hauchdünne, gefüllte Fladen. Im Prinzip funktionieren sie mit jedem Fladenteig, außer dem für Naanbrot, da dieser etwas zu weich ist. Am einfachsten geht es mit dem Teig für Teigtaschen (siehe S. 150). Allerdings braucht es hier etwas Geschick, damit sich die Fladen in der Pfanne auch wirklich aufblasen. Die Pfanne benötigt die richtige Temperatur: Hat sie zu wenig, so gehen die Fladen nicht auf; ist es zu heiß, so brennt sich ein Loch in den Teig und folglich kann er nicht mehr aufgehen. Wenn der Teig während des Aufgehens zusammensackt, so kann man davon ausgehen, dass die Unterseite zu heiß war. Daher ist es ratsam, den Fladen ein- bis zweimal zu wenden. Das dauert circa eine Minute. Sollte die Flade nicht aufgehen, so ist das nicht weiter tragisch, man kann sie trotzdem belegen und einrollen. Die Fülle ist Geschmackssache. Ich mag am liebsten frische Waldpilze, nur gebraten mit Salat und Joghurtsoße oder eingekocht mit Zwiebeln, Tomaten und einem Hauch Chili.

Fladenbrote

Gesamtarbeitszeit

Meine Arbeitsschritte	Brotbackteam bei der Arbeit
ca. 10–15 Min.	**ca. 9–73 h**

Zubereitung

Aus dem vorbereiteten Teig einen vollen Esslöffel herausstechen, kurz rundwirken, auf eine bemehlte Arbeitsfläche geben und **(1)** mit dem Nudelwalker sehr dünn auswalzen **(2, 3)** Anschließend den Teigling in einer beschichteten Pfanne beidseitig fast ohne Öl sehr heiß herausbacken und ein paar Mal wenden. Wenn der Teigling luftig aufgegangen ist, sofort aus der Pfanne nehmen. **(4, 5)** Der Teig der fertigen Flade ist hauchdünn und weich, daher leicht zum Füllen und Einrollen.

1

2

3

4

5

Tipp

Damit die Fladen weich bleiben, sollte man sie, gleich nachdem man sie aus der Pfanne genommen hat, auf einen Teller geben und mit einem Deckel abdecken. Durch die entweichende Feuchtigkeit der noch heißen Fladen bleiben sie wunderbar weich und lassen sich dann leicht füllen und einrollen.

6

Das Theoretische zuletzt

Wer macht beim Brotbacken die Arbeit?

Im Grunde sind es zwei Aspekte, die mich beim Brotbacken beschäftigen: einerseits rein praktische Fragen, die Zeiten, Temperaturen und handwerkliches Geschick betreffen, andererseits wissenschaftliche Fragen, wie zum Beispiel: Wer kam überhaupt auf die Idee, aus Mehl, Wasser und Salz Brot zu machen? Welche Kleinstlebewesen sind am Werk, wenn ein Sauerteig entsteht? Warum geht der Teig auf? Wie kommen die Löcher ins Brot? Wer macht beim Brotbacken welche Arbeit? Was muss ich tun, damit die Mikroorganismen optimal arbeiten?

Wenn ich ein Brot nach Rezept gebacken habe, stellten sich mir immer wieder dieselben Fragen: Muss ich den Teig wirklich 90 Minuten rasten lassen? Muss ich ihn jetzt tatsächlich alle fünf Minuten kurz falten, durchkneten oder nochmals wirken? Muss ich den Teig unbedingt mindestens zwölf Stunden gehen lassen oder 15 Minuten kneten?

Ich kam nicht umhin, alles zu hinterfragen und zu experimentieren. Das habe ich nicht aus Respektlosigkeit gegenüber älteren Erfahrungswerten getan, sondern aus wissenschaftlicher Neugierde und vor allem aus praktischen Gründen mit einem einfachen Ziel: **Brotbacken zu vereinfachen und die Qualität trotzdem zu halten.** Dafür musste ich Rezepte zweimal oder auch öfter backen, um den nötigen Vergleich zu bekommen, welche Schritte ich weglassen konnte und welche nicht. Daher das Credo meiner Arbeit beim Brotbacken:

**Nur so viel wie nötig –
so wenig wie möglich.**

Gesagt, getan: Ich begann von Originalrezepten abzuweichen und probierte herum. Dabei gelangen manche meiner Brote hervorragend, wohingegen andere völlig scheiterten und um keinen Zentimeter aufgingen. Daraus zog ich den Schluss, dass die Arbeitsbedingungen für die Hefen und Bakterien, die den Teig in die Höhe stemmen, entscheidend sind.

Nach reiflicher Überlegung stellte ich fest, dass ich beim Brotbacken mit Sicherheit nicht der eigentliche Arbeiter bin, sondern – um bei diesem Vergleich zu bleiben – so etwas wie der Arbeitgeber der Kleinstlebewesen. Mein Job ist lediglich, sie gut zu entlohnen – das heißt, das Anstellgut regelmäßig zu füttern und ihnen angemessen Zeit zu geben, damit sie in aller Ruhe ihre Arbeit verrichten können. Außerdem muss ich auch auf angenehme Temperaturen achten. Denn wer arbeitet schon gern, wenn es zu kalt oder zu heiß ist?

Alles in allem beschränkt sich meine Tätigkeit auf wenige Handgriffe: Anstellgut füttern, Mehl mit Wasser verrühren, hin und wieder auf die Uhr sehen und auf die Temperatur achten. Anschließend den Teig etwas in Form bringen, den Ofen vorheizen und den Teigling in den heißen Ofen schieben.

Der Hintergrund, warum ich mich mit der Biologie des Sauerteigs beschäftige, ist folgender: Wenn ich weiß, wie die Löcher in den Teig kommen, so kann ich auch Einfluss darauf nehmen, wie die Löcher aussehen sollten: große, luftige Löcher wie bei echtem italienischen Ciabatta, etwas feinere wie bei französischem Weißbrot oder ganz feine wie bei Bagels. Dieses praktische Wissen setzt ein paar theoretische Kenntnisse voraus, angefangen bei den Mehlsorten und deren Backeigenschaften bis hin zu den Mischverhältnissen und den Behandlungsmethoden der Teige sowie den Zeiten und Temperaturen. Je nach Zeit und Temperatur entwickeln sich auch unterschiedliche Aromen.

Ein elementares Grundwissen reicht aus, um Brote frei und ohne vorgegebene Rezepte backen zu können. Beherrscht man diese Regeln, so dienen Rezepte nur mehr als Inspirationsquellen, die Spielraum für Abänderungen oder Neugestaltungen lassen.

Der Sauerteig: ein Ökosystem

In den Leitsätzen für Brot und Kleingebäck ist definiert, was als Sauerteig gilt:

„Sauerteig ist ein Teig, dessen Mikroorganismen (z. B. Milchsäurebakterien, Hefen) aus Sauerteig oder Sauerteigstartern sich in aktivem Zustand befinden oder reaktivierbar sind. Sie sind nach Zugabe von Getreideerzeugnissen und Wasser zur fortlaufenden Säurebildung befähigt.“ (Technologie der Backwarenherstellung, 2016, S. 142)

Sauerteig ist das erste uns bekannte natürliche Triebmittel: Verbindet sich Mehl mit Wasser, beginnt durch Mikroorganismen ein Gärungsprozess. Die Mikroorganismen muss man nicht extra zusetzen, da sie sich bereits in Warteposition befinden und nur auf optimale Bedingungen warten. Wenn sich Mehl und Wasser mischen, so braucht es nur mehr angenehme Temperaturen und ein Sauerteig entsteht ganz von selbst. Verschiedene Hefepilze und Milchsäurebakterien nisten sich im Mehl-Wasser-Gemisch ein und daraus entsteht ein eigenes kleines Ökosystem.

Was in diesem kleinen Ökosystem vorgeht: Mithilfe von Enzymen wird der im Mehl enthaltene Zucker zerlegt, um den Bakterien und Hefen als Nahrung zu dienen. Dabei werden durch den Stoffwechselprozess verschiedene Produkte erzeugt. Im Wesentlichen entstehen durch die Milchsäurebakterien Alkohol, Essigsäure und ein geringer Anteil an Kohlendioxid. Der größere Anteil an Kohlendioxid, das letztlich für die Lockerung des Teiges und die Löcher verantwortlich ist, wird von Hefepilzen im Sauerteig produziert.

In Studien wurden gut 20 verschiedene Hefen und mehr als 50 verschiedene Spezies von Milchsäurebakterien entdeckt, die im Sauerteig in Symbiose leben. Nur um sich eine Vorstellung zu machen: Von den säuretoleranten Hefepilzen und den Milchsäurebakterien existieren in einem einzigen Gramm aktiven Sauerteigs rund zehn Millionen Kleinstlebewesen.

Wie viele Mikroorganismen in einem Sauerteig leben, beeinflusst letzten Endes auch die erforderliche Menge Anstellgut, die für ein Brot benötigt wird. Die Menge an sich ist nicht entscheidend dafür, ob ein Brot gelingt.

Dazu ein kleines Experiment, das dies veranschaulicht: Ich machte zwei einfache, kleine Roggen-Dinkelbrote und verwendete bei einem 20 g Anstellgut und bei dem anderen

80 g Anstellgut. Beide Sauerteige reiften in einer lauen, warmen Sommernacht bei gut 25 Grad circa 10 Stunden, bevor ich den Hauptteig verrührte, aufgehen ließ und die Brote in den Ofen gab. Das Ergebnis dieses Experiments – das keineswegs das einzige war! – ist sehr aufschlussreich: Nach vier Stunden ist der Sauerteig mit den 20 g Anstellgut noch kaum in die Höhe gegangen, während sich der Sauerteig mit den 80 g schon fast verdoppelt hat. Nach zehn Stunden begann der Sauerteig mit den 80 g bereits leicht einzufallen, wie auf dem rechten Bild 2 ersichtlich ist, derjenige mit den 20 g Anstellgut hat sich inzwischen verdoppelt. Beide waren nach zehn Stunden beinahe gleich gut aufgegangen. Der Hauptteig im Simperl ging mit dem Sauerteig mit 80 g Anstellgut zwar etwas schneller und besser auf als der Hauptteig mit den 20 g wie die Bilder mit Nr. 6 zeigen, bezogen auf Brotvolumen, Krume, Kruste und Geschmack war dann im Endprodukt aber so gut wie kein Unterschied mehr festzustellen. Experimente wie diese werfen für mich eine Unmenge an Fragen auf, die sich alle darum drehen, was in einem Sauerteig vorgeht.

Eine praktisch-bildliche Veranschaulichung des Experiments

links Sauerteigbrot mit 20 g Anstellgut **rechts mit 80 g Anstellgut**

4
5
6
7
8

Wie vermehrt sich der Sauerteig wirklich?

Was wir mit den Augen sehen, ist, dass ein Teig in ein paar Stunden aufgeht, sich zunächst wölbt und bei guten Bedingungen innerhalb einer bestimmten Zeit verdoppelt, bis er wieder einsackt und langsam in sich zusammenfällt. Offensichtlich ist die Menge des Anstellguts nicht allein entscheidend über den Ausgang des Backens. Aber was ist es dann?

Was sich unsichtbar innerhalb eines Sauerteigs abspielt, ist sehr komplex, wagen wir dennoch einen kleinen Blick in die Welt der Mikroorganismen. Die Mikroflora eines Sauerteigs wird hauptsächlich von Milchsäurebakterien und Hefen geprägt. Wir wissen, Mehl riecht nach nichts. Erst im Verlaufe der Fermentation werden durch die Enzyme des Getreides, durch Hefen und Milchsäurebakterien, Aromastoffe geschaffen, die das im Entstehen befindliche Brot letztlich nach Brot riechen lassen. Natürlich kann ich hier auf den wenigen Seiten nur grobe Zusammenfassungen und Vereinfachungen anbieten, trotzdem ist es ein ganz kleiner Einblick in das Phänomen „Ökosystem Sauerteig".

Grundsätzliches zu Milchsäurebakterien

Milchsäurebakterien können Zucker zu Milchsäure abbauen. Dadurch entsteht eine Milchsäuregärung, die für die Herstellung von verschiedenen Produkten erforderlich ist. Die Bakterien benötigen für ihre Energiegewinnung Kohlenhydrate. Neben den Milchsäurebakterien gibt es zwar noch andere Bakterien, die Milchsäure produzieren können, aber Milchsäurebakterien sind die einzigen, die aufgrund ihres Stoffwechsels eine Gärung in Gang bringen können, auch wenn Sauerstoff vorhanden ist. Alle Milchsäurebakterien gehören zu den grampositiven Bakterien, was bedeutet, dass sie keine Endosporen bilden können. Praktisch relevant ist dies bei den Eigenschaften dieser Einzeller: Bakterien mit Endosporen weisen eine große Toleranz gegenüber Umwelteinflüssen wie Hitze, Kälte und Austrocknung auf. Milchsäurebakterien, obwohl sehr häufig, benötigen anspruchsvollere Habitate, um gut zu gedeihen.

Nur um sich eine Vorstellung zu machen: Derzeit umfasst die Systematik 40 Gattungen, die zur Ordnung Lactobacillus gezählt werden. Die im Sauerteig vorkommenden Milchsäurebakterien werden in verschiedene homofermentative Milchsäurebakterien (wie Lactobacillus plantarum) und heterofermentative Milchsäurebakterien (wie Lactobacillus fermenti) unterschieden. Für die Praxis ist folgende Frage entscheidend: Welche Produkte verstoffwechseln die Milchsäurebakterien unter welchen Bedingungen?

Im Wesentlichen sind für den Prozess des Aufgehens und der Teiglockerung die Hefen mit ihrer Produktion von Kohlendioxid verantwortlich. Die verschiedenen Milchsäurebakterien produzieren zwar ebenfalls Kohlendioxid, aber ihre Hauptaufgabe liegt in der Herausbildung des typischen Sauerteiggeschmacks und der Versäuerung des Roggenbrots. Die Versäuerung dient jedoch nicht nur dem Geschmack. Bei den Milchsäurebakterien wird zwischen den gasbildenden und den nicht-gasbildenden unterschieden. Während die nicht-gasbildenden Bakterien aus abgebautem Zuckerstoff ausschließlich Milchsäure bilden, entstehen bei gasbildenden Alkohol, Essigsäure und Kohlendioxid.

Roggen- und Weizenteige

Für reine Roggenbrote sind Milchsäurebakterien unerlässlich, da Roggen im Gegensatz zu den verschiedenen Weizensorten kaum über Klebereiweiße verfügt. Die Krumenstruktur von Roggenbroten basiert im Wesentlichen auf einem Stärkegerüst. Roggenmehle weisen eine höhere Amylaseaktivität auf als Weizenmehle. Amylasen sind Enzyme, die Polysaccharide abbauen. Da die Roggenstärke bei einer niedrigeren Temperatur mehr verkleistert als Weizenstärke, fallen beim Roggen Verkleisterungstemperatur und Aktivitätsoptimum der stärkeabbauenden Enzyme zusammen. Eine Senkung des pH-Werts, die durch die Versäuerung durch Milchsäurebakterien erfolgt, sorgt dafür, dass die Amylaseaktivität im Roggen gehemmt wird, was ein Auseinanderlaufen des Brots verhindert und zusätzlich die typische Geschmacksnote hervorruft. „Die beim Roggen früher einsetzende Stärkeverkleisterung verbunden mit einer aktiven Enzymatik bedingt, dass Roggenmehl erst durch Versäuerung optimal backfähig wird. Durch die Säurezugabe werden die mehleigenen Enzyme gehemmt, sodass die Stärke eine optimale Krume ausbilden kann." (Backforum, Die Versäuerung von Roggenmehl, Heft 2, S. 25) Gelingt dies nicht, da der Sauerteig zu wenig aktiv ist, bildet sich eine glitschige, fettige Krume, die kaum von Poren durchzogen ist.

Bei Weizenteigen ist der Sauerteig nicht entscheidend für das Gelingen eines Brots. Selbst wenn der Sauerteig mal nicht aufgeht, kann man ein Sauerteigweizenbrot durch die Zugabe von Hefe beim Hauptteig noch retten. Bei den verschiedenen Weizensorten sind Gluten (Gliadin und Glutenin) für das Aufgehen des Teigs

Oberflächenstruktur eines aufgegangenen Teiglings

verantwortlich: In Verbindung mit Wasser bildet sich ein Klebereiweiß, was wir in der Struktur des Weizenteigs sehen. Die Dehnbarkeit und Elastizität der Gluten bewirken im Weizenteig, dass das Gärgas des Sauerteigs im Teig verbleibt und das Brot dadurch aufgeht. Die Menge und die Zusammensetzung der Gluten (im Wesentlichen das Verhältnis von Gliadin und Glutenin) entscheiden unter anderem über die Backfähigkeit der verschiedenen Weizensorten. Gliadin sorgt für die Dehnbarkeit und Glutenin für die nötige Elastizität. Durch die Dehnfestigkeit lässt sich ein Weizenteig etwas auseinanderziehen, und durch die Elastizität zieht er sich wieder zusammen.

Der Geschmack und die essigsäurebildenden Milchsäurebakterien

Durch die Milchsäurebakterien lassen sich der Geschmack und das Aroma eines Sauerteigbrots beeinflussen. Verschiedene Bedingungen wie Gärzeit und Temperatur nehmen Einfluss auf die verschiedenen Gärprodukte und damit auf den Geschmack des Sauerteigs. Dazu muss man die Gärprodukte kennen: Milchsäurebakterien zersetzen die Zuckerstoffe im Mehl zu Milchsäure, Essigsäure und zu einem geringen Anteil Kohlendioxid. Aber unter welchen Bedingungen wird was produziert?

Die homofermentativen Milchsäurebakterien bilden bei Optimaltemperaturen von 30–35 Grad vor allem Milchsäure. Die heterofermentativen Milchsäurebakterien hingegen bilden bei kühlen Temperaturen, circa zwischen 20 und 28 Grad, unter anderem vermehrt Essigsäure. Grundsätzlich gilt deshalb: Je kühler der Sauerteig geführt wird, desto mehr Essigsäure bildet sich, was zu einem sauren Brot führt, während eine wärmere Teigführung ein milderes Brot ergibt. Ein guter Sauerteig sollte über ein ausgewogenes Verhältnis von milder Milchsäure und säuerlicher Milchsäure, die als Essigsäure bezeichnet wird, verfügen. Das Verhältnis wird idealerweise mit 2/3 Milchsäure und 1/3 Essigsäure angegeben.

Vermehrung der Milchsäurebakterien durch Teilung

Grundsätzlich vermehren sich Bakterien bei guten Lebensbedingungen: Wärme, Feuchtigkeit und ein reichliches Nährstoffangebot. Ideale Temperaturen für Milchsäurebakterien sind um die 28–30 Grad. Ist es kühler, wird nicht nur der Sauerteig säuerlicher, auch die Vermehrung der Bakterien verlangsamt sich. Die Bakterien im Sauerteig vermehren sich durch Teilung. Man kann sich das so vorstellen: Aus einer Mutterzelle entstehen zwei Tochterzellen. Wenn diese sich wiederum teilen, so geht es schnell weiter: vier, acht, sechzehn, zweiunddreißig, usw. Wie ersichtlich ist, erfolgt die exponentielle Teilung immer rascher. Natürlich geht sie aber nicht ins Endlose, da unter anderem Nährstoffe dafür benötigt werden.

Mikrobielles Wachstum wird in Phasen eingeteilt. Ein kurzer Blick auf die bakteriellen Wachstumsphasen eines Sauerteigs veranschaulicht diesen Prozess:

Anpassungsphase

Sobald wir etwas Anstellgut aus dem Glas nehmen, ihm Wasser und Mehl zufügen, beginnt ein Prozess. Die Anlauf- oder Anpassungsphase ist unter anderem von der Menge und der Aktivität des Anstellguts abhängig, was zunächst mehr die inneren Faktoren wie zum Beispiel die Fütterung betrifft. Dabei wird die frische Nahrung vom vorhandenen Anstellgut durch zelleigene Rezeptoren auf Qualität und Verwertbarkeit untersucht. In der Anpassungsphase vermehren sich die Mikroorganismen nur geringfügig, was man unmittelbar nach der Fütterung beobachten kann. Es tut sich eine Zeit lang nichts.

Exponentielle Wachstumsphase

Ist die Anpassung gelungen, so geht es über zur nächsten Phase. In dieser finden die Zellteilungen statt: Die Zellmasse wächst jeweils und teilt sich in zwei Zellen. In der exponentiellen Wachstumsphase sind Faktoren wie die Temperatur und Teigbeschaffenheit (weiche oder feste Teige) das Entscheidende. Generell gilt: Sinkt die Umgebungstemperatur, so verlangsamt sich die Teilung der Bakterien. Steigt die Temperatur im Rahmen der Idealtemperatur, so geht die Teilung schneller.

Verzögerungsphase

Obwohl in dieser Phase die Vermehrung weitergeht, wird sie durch das Absinken des pH-Werts gebremst. Bei Mehrstufenführungen von Sauerteig ist dies der ideale Zeitpunkt, um den Sauerteig wieder zu füttern. Solange noch Nährstoffe vorhanden sind, geht die Vermehrung weiter, was wir bei einer Einstufenführung beobachten können. Der Teig geht noch auf, aber schon bedeutend langsamer.

Stationäre Phase

Diese Phase ist davon gekennzeichnet, dass Zellvermehrung und bereits beginnendes Absterben in etwa ein Gleichgewicht bilden. Geht das Nährstoffangebot zurück, so steigt im Gegenzug der Alkoholgehalt an. Dies merkt man auch, wenn man ein Anstellgut zu selten füttert: Es beginnt sich mit der Zeit an der Oberfläche ein alkoholischer Fusel abzusetzen. In dieser Phase ist das exponentielle Wachstum bereits überschritten. Es ist nun höchste Zeit, den Teig weiterzuverarbeiten.

Absterbephase

Für die Absterbephase sind mehrere Faktoren verantwortlich, die in der Regel Hand in Hand gehen. Gehen die Nährstoffe langsam zur Neige, so beginnen die Zellen abzusterben. Der pH-Wert sinkt, und es können sich Toxine bilden. Aber auch jetzt ist ein verspätetes Auffrischen mit neuer Nahrung möglich, da sich in diesem Prozess noch vermehrungsfähige Zellen im Sauerteig befinden. Selbst ein Sauerteig, der schon eingefallen ist, kann noch reaktiviert werden, indem man ihn mit frischer Nahrung versorgt. Allerdings ist das nicht endlos möglich.

Grundsätzliches zu Hefen

Hefen sind einzellige Mikroorganismen. Es werden rund 600 verschiedene Hefearten unterschieden, wobei die bekannteren und beliebteren z. B. Backhefen, Bierhefen und Weinhefen sind, wohingegen Milchhefen und Kahmhefen zu den unbeliebteren zählen. Hefen gehören zu den Schlauchpilzen, damit fallen sie in die Klasse der Eukaryoten. Sie verfügen über einen Zellkern und Organellen, das sind die „Organe“ einer Zelle. Im Sauerteig wurden unterschiedliche Hefen klassifiziert, wobei die bekannteste Saccharomyces cerevisiae ist. In der Natur weit verbreitet, kommen sie als wilde Hefen überall dort vor, wo sie einen Nährboden finden. Sie zeichnen sich durch ein starkes Gärvermögen aus und können die in Nahrungsmitteln enthaltenen Kohlenhydrate aufspalten und in Ethylalkohol (= Ethanol) und Kohlendioxid umwandeln. Da Hefen in Umgebungen mit und ohne Sauerstoff leben können, werden sie als fakultativ anaerob bezeichnet. Hefen können durch Zellatmung (sauerstoffreiche Bedingungen) oder durch alkoholische Gärung (Abwesenheit von Sauerstoff) Energie gewinnen. Bei der aeroben Gärung wird für die Hefen ein Vielfaches an

Energie (die Angaben schwanken zwischen dem Zehn- und Zwanzigfachen) freigesetzt. Unter beiden – aeroben und anaeroben – Bedingungen wird Glukose verstoffwechselt. Tatsächlich müssen die Hefen bei einem Brotteig mit dem für sie niederen Energiemodus der anaeroben Gärung zurechtkommen. Außer in der Anfangsphase des Gärprozesses und dem zwischenzeitlichen Kneten, wo versucht wird, wieder Sauerstoff in den Teig zu bekommen, findet die Gärung im Wesentlichen ohne Sauerstoff statt.

Bei dem Prozess der Hefegärung wird also aus Zucker Ethanol und Kohlendioxid. Ethanol können wir riechen, und das Kohlendioxid ist für uns durch die kleinen Bläschen sichtbar. Der Zucker entsteht aus der im Mehl enthaltenen Stärke und setzt sich aus langen Ketten zusammen. Jene Zuckermoleküle werden durch Amylasen, das sind stärkespaltende Enzyme, die sich ebenfalls im Korn befinden, zerstückelt und ergeben so die Nahrung für die Hefen. Dieser Prozess wird als enzymatische Stärkespaltung bezeichnet. Dabei wird Stärke in ihre Einzelbestandteile, die Einfachzucker, zerlegt und anschließend bei der Gärung von Hefen zu Alkohol und Kohlendioxid verdaut.

Auf einen Blick:
Stärke – Amylasen – Einfachzucker – Hefen – Alkohol und Kohlendioxid

Die Hefen im Brotteig müssen, wie erwähnt, vorwiegend mit den für sie ungünstigen Bedingungen des Sauerstoffmangels zurechtkommen. Bei festen, schweren Teigen mit langer Gärung wird daher oft durch Kneten und Falten versucht, wieder Sauerstoff in den Teig zu bringen. Allzu viel Sauerstoff ist in einem Brotteig aber nicht vorhanden, daher spielt die Sauerstoffatmung nur eine geringe Rolle.

Ist die Gärung zu stark, vermehren sich weniger Hefen, und damit wird auch weniger Kohlendioxid produziert. Die Gärung ist für die Geschmacksstoffe wichtig, sollte aber nicht zu viel sein, da Hefen ab einem gewissen Anteil an Ethanol abzusterben beginnen. Dies ist für uns sichtbar, wenn der Teig nicht mehr aufgeht, sondern beginnt, wieder in sich zusammenzufallen, da die Gase aus dem Teig entweichen. Ist er nur leicht eingefallen, kann der Ofentrieb noch Rettung bringen. Dabei verdunstet der Alkohol und der Teig wird nochmals gelockert.

Vermehrung der Hefen durch Sprossung

Optimale Wachstumsbedingungen finden Hefen zwischen 28 und 30 °C. Bei über 45 °C beginnen sie abzusterben und unterhalb von 7 °C stellen sie ihre Aktivität fast ein. Auch für Hefen gilt also: Bei Wärme vermehren sie sich besser als bei Kälte. Stimmt die Temperatur, so vermehren sich die Hefen in kurzer Zeit durch Zellsprossung. Währenddessen scheiden sie Alkohol und Kohlendioxid aus. Vom Gelingen dieses Stoffwechsels hängen die Lockerung des Teigs und der Geschmack des Brots ab. Bei der Sprossung beginnt an der Mutterzelle eine Ausstülpung zu wachsen. Hat die Ausstülpung alle Erbinformationen gespeichert, spaltet sie sich von der Mutterzelle ab und beginnt die Sprossung von Neuem. Die alte Zelle verschließt die Zellwand wieder, was man mikroskopisch an einer kleinen Narbe erkennen kann. Auch hier ist die Vermehrung exponentiell, was zu einer Vergrößerung des Teigvolumens führt.

Flüssigkeit im Verhältnis zu festen und weichen Teigen

Pauschal gesagt: Je geringer der Wasseranteil, desto schwieriger ist die Vermehrung der Hefezellen und Milchsäurebakterien. Bei niedriger Feuchtigkeit ist außerdem ihr Stoffwechsel langsamer. Dies kann man in jedem Teig beobachten: Sehr feste Teige gehen langsamer auf als weichere Teige. Der Wassergehalt wird mit der Teigausbeute angegeben, wie an anderer Stelle dieses Buches ausgeführt wird (siehe S. 35). Teigausbeuten von 160 gelten als fest, während solche von 170 schon als weich gelten. Generell ist noch zu beachten, dass Vollkornmehle etwas mehr Wasser binden als Auszugsmehle und Roggenmehle im Vergleich zu verschiedenen Weizenmehlen ebenfalls mehr Wasser binden. Nimmt man zum Backen Roggenvollkornmehl, so bindet es am meisten Wasser, was zu einer höheren Teigausbeute führt.

Teamarbeit: ein Zusammenspiel von Bakterien und Hefen

Bezüglich dieses Zusammenspiels von Bakterien und Hefen haben Untersuchungen ergeben, dass sich bei jeder Sauerteigfütterung zunächst die Bakterien vermehren und dann erst die Hefen. Die Bakterienflora geht mit der Zeit zurück und Hefezellen sind in wachsender Anzahl feststellbar. Die Bakterien bereiten ein Säuremilieu vor und schließen Stärke in Malz und Traubenzucker auf. Das Spannende an diesem Prozess ist die Teamarbeit zwischen Hefen und Milchsäurebakterien. Dabei zeigt sich, dass beide in einer aufeinander abgestimmten Kultur leben, die an einen Tauschhandel erinnert: Die Milchsäurebakterien benötigen den Zucker, den die Hefen nicht abbauen können, und die Hefen verstoffwechseln Produkte der Milchsäurefermentation. Die Hefen können Malzzucker nicht abbauen, daher sind sie auf die Milchsäurebakterien angewiesen, die Maltose in Glukose umwandeln. Beide konkurrieren also nicht um Nahrung, sondern sind aufeinander angewiesen. Stellt man sich diesen Prozess bildhaft vor, so kann man erahnen, was sich im Inneren eines Sauerteigs – neben unzähligen weiteren Prozessen – abspielt. Warum es nicht so wesentlich ist, ob man nun 20 oder 80 g Anstellgut bei einem Sauerteig verwendet, liegt unter anderem an der exponentiellen Vermehrung der Hefen und Bakterien, die wiederum maßgeblich von Wärme und Teigbeschaffenheit abhängig ist.

Erfahrungswissen und flexibles Backen

Bei meinen Experimenten zeigte sich, dass Bedingungen wie Nahrungsqualität, Temperatur, Teigbeschaffenheit und – am wichtigsten – die Aktivität des Anstellguts entscheidend für einen guten Sauerteig sind, keinesfalls aber eine Grammwaage. Das Gelingen hängt zwar von einem Zusammenspiel von inneren und äußeren Faktoren ab, doch ist das Anstellgut frisch gefüttert, gleicht es viele äußere Faktoren wie Teigbearbeitung oder Temperaturunterschiede während der Gehzeiten leichter aus. Auch Zwischenschritte wie Dehnen und Falten sind nicht so zentral, wie ich zu Beginn meiner Backleidenschaft dachte. Gehzeiten sind natürlich von entscheidender Bedeutung, aber da sie so eng mit der Temperatur verbunden sind, muss man sie immer mit dieser in Zusammenhang sehen. Ein langjähriger Erfahrungswert: Für den Teig liegt zwar die Idealtemperatur zwischen 25 und 30 Grad, aber auch bei Temperaturen zwischen 18 und sogar bis 38 Grad kann man noch sehr gut backen.

Theoretisch wird manchmal noch zwischen Stock- und Stückgare unterschieden: Für die Stückgare werden oft niedrigere Temperaturen als für die Stockgare angegeben. Meine Brote werden alle mit nur einer Gare zubereitet, wodurch diese Arbeitsschritte hinfällig sind. Des Weiteren wird oft noch auf den Unterschied in der Temperatur zwischen Roggen- und Weizenteigen hingewiesen, wobei Roggenteige es etwas wärmer mögen als Weizenteige: Für Roggenteige gelten Idealtemperaturen zwischen 28 und 30 Grad und für Weizenteige 22–26 Grad. Für den Hausgebrauch benötigt man keineswegs derart genaue Richtwerte, um wirklich gutes Brot zu backen. Allerdings muss man berücksichtigen, dass sich mit einem Temperaturanstieg die Hefen und Bakterien sehr schnell vermehren, während bei Temperatursenkungen die essigsäurebildenden Milchsäurebakterien zu einer starken Säuerung führen und die Vermehrung der milden Milchsäurebakterien und der Hefen drastisch abnimmt.

Mit diesen wenigen Parametern kann man sehr flexibel Sauerteigbrote backen. Wenn ich beispielsweise einen Sauerteig abends ansetze, aber erst am nächsten Abend zum Brotbacken komme, so nehme ich sehr wenig Anstellgut – statt 100 g kaum einen Esslöffel – und lasse den Teig bei niederer Zimmertemperatur, wenn es geht so um die 20 Grad, arbeiten. Nach 20 Stunden ist der Teig meist auf die doppelte Größe aufgegangen. Vergesse ich hingegen abends, einen Sauerteig anzurühren, möchte aber schon am Nachmittag ein Brot haben, so verrühre ich morgens etwas mehr als 100 g Anstellgut und achte auf genügend Wärme, wenn möglich so um die 30 Grad. Im Sommer stelle ich den Teig auf die Fensterbank und im Winter steht die Schüssel mit dem Teig auf einer Wärmflasche. Nach circa vier Stunden ist der Teig genug aufgegangen.

Zusammenfassung

Erwünschte Gärprodukte in einem Sauerteig sind vor allem Milch- und Essigsäure sowie Alkohol und Kohlendioxid.

Die erwünschten Gärprodukte werden durch Mikroorganismen, die im Grunde überall, etwa im Mehl oder in der Luft, vorhanden sind, hergestellt. Die Milchsäurebakterien teilen sich in homofermentative und heterofermentative, die jeweils unterschiedliche Gärprodukte erzeugen.

Milchsäurebakterien		**Hefen**
Hetero-fermentativ	Homo-fermentativ	
Milchsäure Essigsäure Ethanol Kohlenstoffdioxid	Milchsäure	Kohlenstoff-dioxid, Alkohol

Damit die Mikroorganismen bestimmte Gärprodukte erzeugen können, müssen sie sich zunächst vermehren. Dafür benötigen sie ein optimales Habitat. Da es sich bei den Kleinstlebewesen um verschiedene Arten handelt, die jeweils unterschiedlichen Lebensbedingungen ausgesetzt sind, ist jede Sauerteigkultur unterschiedlich:

- In weichen Teigen vermehren sich alle Kleinstlebewesen schneller als in festen Teigen.
- In Teigen mit einer Temperatur von knapp über 30 Grad vermehren sich vorwiegend Bakterien.
- In Teigen mit einer Temperatur unter 30 Grad vermehren sich die Hefen besser.
- Hefen benötigen für eine schnelle Vermehrung Sauerstoff im Teig, während sich Bakterien auch ohne Sauerstoff vermehren können.

Die Vermehrung der Mikroorganismen und deren Gärtätigkeit verlaufen je nach Beschaffenheit und Haltung eines Sauerteigs unterschiedlich. Für eine rege Gärtätigkeit gilt es Folgendes zu beachten:

Warme Teige	Hefen bilden schnell CO_2.
Warme Teige	Bakterien vergären in erster Linie den Zucker zu Milchsäure; Folge: milder Brotgeschmack.
Kühle Teige	Bakterien vergären den Zucker zu einem größeren Anteil zu Essigsäure; Folge: saurer Brotgeschmack.
Kühle Teige	Es erfolgt generell eine langsamere Bildung von CO_2.

Neben der Vermehrung der Kleinstlebewesen ist der zweite wesentliche Zweck des Sauerteigs die Steuerung der Gärtätigkeit, um erwünschte Gärprodukte zu erhalten, die wiederum auf die Qualität des Brotes und dessen Geschmack Einfluss nehmen.

Brot und Gesundheit

Brot gehört seit Tausenden von Jahren zu den Grundnahrungsmitteln der Menschheit. Es verfügt je nach Sorte über 40–50 Prozent Kohlenhydrate, zwischen 6 und 8 Prozent Proteine, 3–8 Prozent Ballaststoffe, gut 1 Prozent Fett sowie zahlreiche Vitamine, im Besonderen B1, B6, Folsäure sowie einen Anteil an Spurenelementen. Bezogen auf die Inhaltsstoffe ist das volle Korn natürlich ungleich wertvoller als Auszugsmehl, bei dem nur mehr der Mehlkörper ohne Ballaststoffe und kaum mehr Vitamine und Spurenelemente enthalten sind.

Die Verträglichkeit von Brot ist immer wieder umstritten. Seit längerer Zeit wird beobachtet, dass Urgetreide für viele Menschen verträglicher ist als konventionelles Getreide. Warum dies tatsächlich so ist, hat ein Forscherteam der Universität Hohenheim untersucht: Die bessere Verträglichkeit hängt aller Wahrscheinlichkeit nach mit der unterschiedlichen Teigführung und nicht mit den verwendeten Getreidesorten zusammen.

Die Beobachtung der besseren Verträglichkeit stimmt also, jedoch liegt es nicht nur am Urgetreide selbst, sondern an den Bäckereien, die Getreide verarbeiten. Vermutlich sind lange Gehzeiten für Bäckereien auch eine Zeit- und in der Folge eine Kostenfrage. Kurz gesagt: Längere Gehzeiten sind für die bessere Verträglichkeit maßgeblich verantwortlich.

Dies hängt mit den Zuckermolekülen zusammen: Es ist bekannt, dass sogenannte FODMAPs – niedermolekulare Zucker, die im Weizen gespeichert sind – Reizdarmpatientinnen und -patienten Probleme bereiten. Auf der anderen Seite sind Backwaren aus Urgetreide für Menschen bekömmlicher. „Wir haben herausgefunden, dass die FODMAPs während der Teigruhe abgebaut werden. Nach insgesamt vier Stunden Teigruhe ist der Wert auf 10 Prozent gesunken – unabhängig davon, ob Weizen, Einkorn, Emmer oder Dinkel“, so Friedrich Longin, Leiter der Forschungsgruppe Weizen an der Universität Hohenheim (Studie der Universität Hohenheim: „Der Anteil an belastenden FODMAP-Zuckerstoffen ist keine Frage der verarbeiteten Getreidesorte, sondern der Teigführung“). Des Weiteren vermerkt Longin, dass die FODMAPs bei der Sauerteigführung noch besser abgebaut werden als bei der langen Teigführung von Weizensorten. FODMAPs sind Zucker, die aus 1–14 Zuckermolekülen bestehen und im Darm nicht

ausreichend abgebaut werden können. Je mehr Zeit die Teige zum Fermentieren haben, desto besser können die Zuckermoleküle bereits im Vorfeld aufgespalten werden. Für die meisten Bäckereien gilt natürlich: Zeit ist Geld. Brot, das lange herumliegt, ist wirtschaftlich nicht so attraktiv wie Brot, das nur ganz kurz reift und mit zahlreichen Backhilfsmitteln zusätzlich mehr Volumen bekommt.

Dass unser Brot manchmal einen schlechten Ruf hat, liegt nicht zuletzt an den Backhilfsmitteln. „Fast 160 Backhilfsmittel fürs liebe Brot sind heute vom Gesetzgeber genehmigt und damit ganz legal. Aber viele müssen vom Gesetz gar nicht erst genehmigt werden", sagt Ingeborg Münzing-Ruef im „Kursbuch gesunde Ernährung". Der Ernährungsexperte Udo Pollmer meint dazu, dass die vermeintlichen Mehlstauballergien parallel zum gestiegenen Absatz von Backhilfsmitteln zugenommen haben. Besonders kritisch hebt er dabei Enzyme wie Alpha-Amylasen hervor. Diese machen aus Stärke Zucker, sodass Brötchen größer werden und länger frisch bleiben.

Aus alledem und noch vielem mehr ist die Überlegung naheliegend, aus gesundheitlichen sowie vor allem aus geschmacklichen Gründen sein Brot selbst zu backen.

Wer seine Brote **ganz gesund** zubereiten möchte,

- nimmt bei der Herstellung biologisches Getreide vorzugsweise Urgetreide,
- verwendet Sauerteig, da die Milchsäurebakterien für unsere Darmflora das bestmögliche Triebmittel sind,
- achtet auf längere Teigruhezeiten, da diese die Verträglichkeit erhöhen, und
- berücksichtigt einen hohen Vollkornanteil.

Wenn man selbst Brot bäckt, so ist auch die Verwendung von regionalen Getreideprodukten naheliegend!

Einblicke in meine Experimentierbackstube

Erfahrungswerte

Zahlreiche Mythen ranken sich um das Brotbacken. Gegen Mythen helfen nur Experimente!

Ein Mythos lautet, dass der aufgehende Teig nicht in der Zugluft stehen darf. Das galt es zu überprüfen: Ich setzte einen Sauerteig an, transportierte ihn beim Aufgehen gut eine Stunde im Auto bei geöffnetem Fenster und einer Fahrtgeschwindigkeit von rund 120 km/h und steckte ihn dann, nachdem ich den Hauptteig verrührt hatte und gehen ließ, in den schon vorgeheizten Ofen. Die Fahrt hatte der Sauerteig auf dem Rücksitz verbracht. Also Zugluft pur! Den Teig kümmerte das nicht.

Meine Erfahrung mit Sauerteigbroten lautet zusammengefasst: Ist das Anstellgut des Sauerteigs aktiv, so verzeiht es vieles und gleicht so manchen kleinen Backfehler wieder aus.

Daher ist ein aktives Anstellgut die wichtigste Zutat überhaupt. Damit sind Zugluft, variable Gehzeiten, die Anzahl der Garen, gekneteter oder mit der Gabel verrührter Teig, das Falten des Teigs in 30-Minuten-Abständen oder Temperaturunterschiede während des Aufgehens und vieles mehr für ein köstliches Brot so gut wie nicht relevant. Es wurde schon vor Jahrtausenden reines Sauerteigbrot gebacken, also in Zeiten, in denen es keine Profiausrüstung gab, weder Waagen noch Uhren noch Thermometer. Als einst in Ägypten das erste Sauerteigbrot gebacken wurde, dauerte es bis zur Erfindung des Thermometers noch viele Jahrhunderte.

Auf den folgenden Seiten wartet ein kleiner Einblick in unterschiedliche Experimente und Vergleiche, die allesamt nur ein Ziel verfolgen: Brotbacken zu vereinfachen und dabei die Qualität zu halten. Die Ergebnisse dieser Brotbackvergleiche sind erstaunlich, da sie so manche Bäckerweisheiten infrage stellen.

Sauerteigbrot mit und ohne Hefe

Aus der Praxis

Die meisten Sauerteigrezepte enthalten für einen Laib Brot zusätzlich noch bis zu einen ganzen Hefewürfel. Das geschieht vermutlich aus einem einfachen Grund: Man will sichergehen, dass der Teig auch aufgeht. Reine Sauerteige gehen jedoch genauso auf, aber vermutlich vertrauen nur wenige ganz auf die natürlich vorhandenen Mikroorganismen. Ein kleiner Unterschied: Sauerteige brauchen wirklich Zeit zum Fermentieren! Jahrelang fügte ich zu meinen Sauerteigrezepten selbst Hefe hinzu. Einfach deswegen, weil ich es nicht anders kannte und weil es funktionierte.

Ich fragte oft langjährig erfahrene Hobby- und Profibäcker, ob sie ihr Sauerteigbrot auch ganz ohne Hefe zubereiten. Die Antwort war stets: „Nein, das ist mir zu riskant." Gerade bei Menschen, die ihr Brot am Markt verkaufen, ist zu hören, dass sie auf Nummer sicher gehen müssen. Erst kürzlich erzählte mir eine Bäuerin, die auch eine Backstube betreibt, dass sie erst im Covid-19-bedingten Lockdown, als sie in den Geschäften keine Hefe mehr erhielt, zum ersten Mal Versuche mit reinem Sauerteigbrot wagte.

Theoretische Hintergründe: Sauerteigführungen

Ich stellte unzählige Vergleiche an, in denen ich die gleichen Brote mit und ohne Hefe gebacken habe. Das Ergebnis dieser Experimente ist eindeutig: Gibt man dem Sauerteig Zeit zum Gehen und ist das Anstellgut in Ordnung, also aktiv, so benötigt man keine zusätzliche Hefe und man kommt in den Genuss von reinem Sauerteigbrot. Aus dem klassischen Bäckerlatein geht allerdings eine Empfehlung hervor: Bei Einstufensauerteig wird die Lockerung des Teiges mithilfe von Hefe erreicht (Technologie der Backwarenherstellung, S. 152). Erst bei der Zwei- und vorwiegend bei der Dreistufenführung von Sauerteig wird auf Hefe verzichtet. Die „Detmolder Dreistufenführung" wird auf S. 199 mit einem Vergleich genau und anschaulich dargestellt. Die Führung des Sauerteigs in mehreren Stufen bedeutet, dass der Teig mehrmals angefrischt, d. h. wieder mit Mehl und Wasser vermengt wird. So entstehen verschiedene Stufen, wie Anfrischsauer, Grundsauer und Vollsauer, in denen der Teig jedes Mal aufs Neue mit unterschiedlichen Gehzeiten und Temperaturen angerührt wird.

Ich backe meine Brote hingegen alle mit einer Einstufensauerteigführung ohne Hefe.

Einfaches Dinkelbrot aus dem Kasten – mit und ohne Hefe

Ein einfaches Dinkelkastenbrot: einmal mit Hefe und einmal nur mit Sauerteig. Bei dem Brot nur mit Sauerteig habe ich etwas mehr Vollkornmehl verwendet, wodurch es etwas dunkler ist.

Sauerteig
Anstellgut mit Wasser und Mehl gut verrühren, bis keine Mehlreste mehr sichtbar sind, und abgedeckt bei Zimmertemperatur gehen lassen (ca. 8–12 h).

Hauptteig
Die Zutaten des Hauptteigs vermengen und mit der Gabel ein paar Minuten gut verrühren, sodass eine zähe Masse entsteht. **(1)** Gleich anschließend den Teig in die gut eingefettete Kastenform geben **(2)** und glatt streichen, **(3)** anschließend erneut gehen lassen (ca. 1–2 h).

Backen
Den Backofen vorheizen. Den Kasten in den Ofen geben und bei 240 Grad Ober- und Unterhitze ca. 55 Minuten backen. Beim Hineingeben in den Ofen ein Stamperl Wasser auf den Ofenboden schütten und nach 10 Minuten schwaden, d.h. die Ofentür kurz öffnen und den Restdampf ablassen. **(4)** Nach der Hälfte der Backzeit das Brot aus dem Kasten nehmen und freischwebend fertigbacken. Gut auskühlen lassen.

Experiment

Sauerteig	K
Anstellgut	100 g
Dinkelvollkornmehl	150 g
Wasser	150 ml
Hauptteig	
Sauerteig	
Dinkelvollkornmehl	110 g
Dinkelmehl Type 700	110 g
Wasser	130 ml
Salz	8 g
wahlweise Hefe	5 g

Kleines Brot (K)
Kasten 20/11/7 cm

Obere Bildleiste mit Hefe

Untere Bildleiste ohne Hefe

	Meine Arbeitsschritte		„Brotbackteam" bei der Arbeit	
Sauerteig	mischen & verrühren	ca. 1–2 Min.	aufgehen lassen	ca. 8–12 h
Hauptteig	verrühren & formen	ca. 3–6 Min.	aufgehen lassen	ca. 2 h
Backen	ab in den Ofen	ca. 1–2 Min.	backen	ca. 55 Min.
Gesamtzeit		**ca. 5-10 Min.**		**ca. 10–14 h**

Ergebnis: Das hellere Brot wurde mit Hefe gebacken. Heller ist es aufgrund der Mehlmischung. Das Hefebrot ist im Kasten etwas schneller aufgegangen, aber im Ergebnis waren beide Brote von fast gleichem Volumen. Der Rest ist Geschmackssache. Das Sauerteigbrot schmeckt kräftiger, etwas würziger, ist nicht ganz so fluffig, hält aber länger frisch als das Hefe-Sauerteigbrot.

Bei vielen Experimenten zeigte sich, dass die Sauerteighefebrote, ob im Kasten oder im Simperl, eindeutig schneller aufgehen, aber im Endeffekt wieder ungefähr gleich groß sind. Bei einem Sauerteighefebrot reicht eine Gehzeit im Simperl von einer Stunde mit Sicherheit aus, während es bei einem reinen Sauerteigbrot, je nach Temperatur, zwischen einer und zwei Stunden dauern kann, bis der Teigling reif ist. Dieser mögliche Unterschied in der Gehzeit ist wichtig, denn wird ein Brot vorzeitig in den Ofen gegeben, so leidet die Brotqualität.

Geknetetes und verrührtes Brot

Aus der Praxis

Den Teig kneten oder nur mit der Gabel verrühren? Da die Brote in diesem Buch alle verrührt und nicht geknetet werden (abgesehen von den Teigen für Sauerteigfladen), hier auch darauf ein Blick. So gut wie alle Brotherstellungsverfahren geben sehr genaue Knetzeiten an. In den folgenden Versuchen wird ein Teig ganz klassisch acht Minuten mit einer Küchenmaschine durchgeknetet und ein anderer ca. zwei Minuten mit einer Gabel verrührt.

Natürlich habe ich lange Zeit meine Brote genau nach Vorschrift geknetet. Irgendwann stellte ich aber fest, dass die Brote auch bei halber Knetzeit gelingen. Später ging ich dazu über, die Teige etwas weicher zu machen, und bemerkte, dass es ausreicht, sie mit einer Gabel zu verrühren. Das Ergebnis waren trotzdem immer köstliche, formstabile Brote. Also beschäftigte ich mich mit der Wissenschaft des Backens und suchte nach Begründungen, was beim Kneten geschieht und warum es so wichtig ist oder sein soll, die Knetzeiten und -stufen haargenau einzuhalten. Auch hier ist das Ergebnis überraschend.

Theoretische Hintergründe: die Standardtheorie des Knetens

Weizenteige: Durch das Kneten baut der Weizenteig ein Klebergerüst auf, das für die weitere Verarbeitung wichtig ist. Verbinden sich beim Kneten Wasser, Mehl, Triebmittel und Salz, so wird ein Großteil des Wassers an die Klebereiweiße – Glutenin und Gliadin – gebunden, was man daran merkt, dass der Teig klebrig wird. Die Eiweißstoffe im Weizenmehl bauen ein Gerüst auf, das später die Gärgase beherbergen soll, was sich letztlich in der Krume – all die Löcher im Brot – zeigt. Aber bevor es so weit ist, muss das Grundgerüst aufgebaut werden. Ohne dieses Gerüst würden die Gase, die bei diesem Prozess des Gehens entstehen, einfach in die Atmosphäre entweichen, wäre da nicht diese gummiartige Struktur, die das Kohlendioxid einschließt.

Verantwortlich für diese Zusammenarbeit sind zwei Begriffe: Dehnbarkeit und Elastizität. Durch das Kneten wird der Teig immer dehnbarer. Dies verdanken wir den bereits erwähnten Proteinen Gliadin und Glutenin. Gliadin macht den Teig dehnfest und Glutenin bewirkt, dass er auch die nötige Elastizität hat. Aufgrund der Dehnbarkeit können wir einen Teig auseinanderziehen, während die Elastizität den Teig wieder in seine ursprüngliche Form bringt.

Wegen dieser Eigenschaften sind Gluten bestens dafür geeignet, die entstehenden Gase einzuschließen. Kneten ist daher ein Beitrag im Prozess des Backens bei Weizenteigen, um eine gute Krume zu erzeugen. Knetet man Teige kurz, entwickeln sie eine geringere Glutenstruktur, deshalb brauchen sie eine längere Gehzeit. Demgegenüber können lang geknetete Teige mit voll ausgebildetem Klebernetzwerk viel kürzer zur Ruhe gestellt werden. Gut geknetete Teige verfügen über ein ausgeprägtes Glutengerüst, was zu einer gleichmäßigen und eher kleinen Porung führt, wohingegen kurz und schonend geknetete Teige eher von unregelmäßigen, aber auch größeren Poren durchzogen sind.

Roggenteige: Bei reinen Roggenteigen wird zwar auch oft empfohlen, sie circa 15 Minuten zu kneten, aber da Roggenteige anders als der Weizenteig kaum über ein Glutennetzwerk verfügen, ist es fraglich, warum man sich überhaupt die Arbeit antun sollte. Um ein wirklich gutes, reines Roggenbrot herzustellen, reichen als Werkzeug eine große Schüssel, eine Gabel, eine Form und ein Backofen. Aus reinen Roggenbroten lässt sich kein dehnbares Grundgerüst herauskneten, weil im Teig selbst kaum Gluten enthalten sind, die für die Dehnung und Elastizität sorgen. Roggen verfügt nicht nur über weniger Gluten, sondern die vorhandenen können sich zudem nicht wie beim Weizen verbinden, weil im Roggen Schleimstoffe enthalten sind. Sogenannte Pentosane sorgen hier für die Verklebung im Teig und helfen dabei, dem Teig eine Struktur zu verleihen. Die Pentosane haben eine große Wasserbindekraft, was bei der Teigbildung wichtig ist. Somit sind Roggenteige viel einfacher zu machen als Weizenteige. Sie sind die Phlegmatiker unter den Teigen. Sie sind langsam, behäbig, aber gutmütig und sehr fehlertolerant.

Einfaches Dinkelbrot aus dem Kasten – verrührt und geknetet

Nun folgt ein Vergleich von zwei einfachen Dinkelbroten, wobei das eine nur gut 2 Minuten mit der Gabel verrührt, das andere hingegen mit der Küchenmaschine 8 Minuten geknetet wird. Beide Rezepte sind ansonsten identisch, auch bezogen auf Temperatur und Gehzeiten. Da beide Teige sehr weiche Vollkornteige sind und zusätzlich Dinkel verwendet wurde, ist selbst der gut geknetete Teig nicht annähernd so kompakt wie ein heller, festerer Weizenteig aus Auszugsmehl. Gerade bei Dinkel sollte man darauf aufpassen, dass man den Teig nicht überknetet, da er sonst an Stand verliert.

	Meine Arbeitsschritte	**„Brotbackteam" bei der Arbeit**		
Sauerteig	mischen & verrühren	ca. 1–2 Min.	aufgehen lassen	ca. 8–12 h
Hauptteig	verrühren & in den Kasten füllen	ca. 2–3 Min.	aufgehen lassen	ca. 2 h
	oder			
	kneten & in den Kasten füllen	ca. 8–9 Min.	aufgehen lassen	ca. 2 h
Backen	ab in den Ofen	ca. 1–2 Min.	backen	ca. 55 Min.
Gesamtzeit		**ca. 4–7 Min.**		**ca. 10–14 h**
		oder		
		ca. 10–13 Min.		

Sauerteig

Anstellgut mit Wasser und Mehl gut verrühren, bis keine Mehlreste mehr sichtbar sind, und abgedeckt bei Zimmertemperatur gehen lassen (ca. 8–12 h).

Sauerteig	K
Anstellgut	120 g
Dinkelvollkornmehl	160 g
Wasser	160 ml
Hauptteig	
Sauerteig	
Dinkelvollkornmehl	130 g
Dinkelmehl Type 700	90 g
Wasser	130 ml
Salz	8 g

Kleines Brot (K)
Kasten 20/11/7 cm

Obere Bildleiste mit der Gabel verrührt

Untere Bildleiste mit der Küchenmaschine geknetet

Hauptteig

(1) Die Zutaten des Hauptteigs vermengen und mit der Gabel gut verrühren, sodass eine zähe Masse entsteht. **(2)** Gleich anschließend den Teig in die gut eingefettete Kastenform geben und glatt streichen, eventuell mit Saaten bestreuen, **(3)** bei Zimmertemperatur gehen lassen (ca. 2 h).

Die Variante mit dem gekneteten Teig wird abgesehen vom Kneten gleich zubereitet.

Backen

Den Backofen vorheizen. Den Kasten in den Ofen geben und bei 240 Grad Ober- und Unterhitze ca. 55 Minuten backen. Beim Hineingeben in den Ofen ein Stamperl Wasser auf den Ofenboden schütten und nach 10 Minuten schwaden, d.h. die Ofentür kurz öffnen und den Restdampf ablassen. **(4)** Nach der Hälfte der Backzeit das Brot aus dem Kasten nehmen und freischwebend fertigbacken. Gut auskühlen lassen.

Der Theorie zufolge müsste das verrührte Brot, da es kaum geknetet wurde, viel länger gehen oder man müsste es zwischen den Gehzeiten immer wieder kurz dehnen und falten, damit aus dem Teigling auch ein richtiges Brot wird. Bei gut gekneteten Teigen würde man außerdem einen Unterschied in der Porung erwarten: Sie sollten eine feinere und gleichmäßigere Porung aufweisen als nur kurz verrührte Teige.

Ergebnis: Die Unterschiede zwischen den beiden Broten, was Volumen, Porung und Geschmack betrifft, sind kaum nennenswert. Beide schmecken köstlich, wobei das nur kurz verrührte, wie auf den Fotos zu sehen ist, viel üppiger aufgerissen ist und sich voluminöser entfaltet hat. Zahlreiche weitere Versuche zwischen verrührten und gekneteten Teigen zeigten eher gleich große Brote mit ähnlichem Volumen.

Meine Erfahrung ist, dass es kaum einen Unterschied macht, ob man weiche Weizenteige knetet oder verrührt – vorausgesetzt, sie haben genug Zeit zum Gehen. Vor allem helle, verrührte Brote mit knapper Gare sind lang nicht so fluffig, wie wenn man dem Teig wirklich Zeit zum Reifen gibt. Mit oder ohne Kneten, ein gut entwickeltes Klebergerüst baut sich bei Weizenteigen auch über die Zeit auf. Ein Unterschied zwischen verrührten und gut gekneteten Weizenteigen besteht allerdings in der Verarbeitung. Werden Teige etwas länger geknetet, so lassen sie sich leichter rundwirken, da sie dehnbarer und elastischer sind.

Brot mit einer und zwei Garen

Aus der Praxis

Früher machte ich meine Brote immer mit zwei Garen: Stock- und Stückgare, mit zusätzlichen Zwischenschritten. Aber geht's nicht auch mit einer Gare? Gibt es wirklich Unterschiede im Geschmack, bei der Krume oder dem Volumen des Brots? Wenn ja, so dachte ich, zurück zu zwei Garen, wenn nein, umso besser – wieder ein Schritt weniger. In der Regel werden Teige zunächst einmal geknetet und dann zum Aufgehen ins Warme gestellt. Ist der Teig gut auf das Doppelte aufgegangen, wird er aus der Schüssel genommen und nochmals geknetet oder rundgewirkt. Manchmal werden Teige auch noch zwischendurch gedehnt und gefaltet.

Theoretische Hintergründe: die Theorie der zwei Garen

Grundsätzlich wird als Gare jene Zeit beim Backen bezeichnet, in der der Teig ruht. Während des Ruhens bilden sich Gärgase, die wir sehen, indem sich der Teig hebt und an der Oberfläche von Rissen und Löchern durchzogen ist. In der Regel lässt sich der gesamte Garvorgang in Stock- und Stückgare unterteilen. Das Ziel der ersten Gare, der Stockgare, ist, die Poren zu vergrößern, was sich darin zeigt, dass der Teig während dieses Prozesses an Volumen zunimmt. Dies geschieht, weil die Mikroorganismen die Ruhezeit dafür nützen, Kohlenstoffdioxid und Säuren zu produzieren. Als ideale Temperatur für diese Gare werden meist um die 24 Grad angegeben. Ist der Teig circa auf das Doppelte aufgegangen, wird er rundgewirkt und im Simperl zur zweiten Gare, zur Stückgare, nochmals zum Aufgehen hingestellt.

Im Gegensatz zur Stockgare, wo der Sauerstoff verbraucht wird, wird bei der Stückgare vorwiegend alkoholisch verstoffwechselt. Dabei mögen es die Mikroben besonders warm. Das bedeutet, die Vergärung der Hefen bildet nochmals Kohlenstoffdioxid, welches in der Kleberstruktur eingeschlossen wird und für eine schöne und gut ausgebildete Krume mitverantwortlich ist.

Kleines Hausbrot aus dem Topf – mit einer und zwei Garen

Bei meinen Sauerteigbroten wird der Teig schon lange ohne weitere Zwischenschritte gleich nach dem Verrühren auf die Arbeitsfläche gekippt und rundgewirkt. Um die Tauglichkeit der vereinfachten Backvariante zu überprüfen, habe ich unzählige Vergleiche zwischen der klassischen Variante mit Stück- und Stockgare und der vereinfachten Version mit nur einer Gare gemacht.

Brot mit einer Gare

Sauerteig
Anstellgut mit Wasser und Mehl gut verrühren, bis keine Mehlreste mehr sichtbar sind, und abgedeckt bei Zimmertemperatur gehen lassen (ca. 8–12 h).

Hauptteig
Sämtliche Zutaten vermengen, mit der Gabel gut verrühren und sofort weiterverarbeiten. Den Teig auf eine bemehlte Arbeitsfläche geben, kurz mit den eingemehlten Händen schonend formen, in ein gut bemehltes Simperl geben und erneut aufgehen lassen (ca. 2 h).

Backen
Den Backofen und den Topf mit Deckel vorheizen. Den Teig direkt aus dem Simperl in den heißen Topf stürzen und zugedeckt bei 240 Grad Ober- und Unterhitze ca. 50 Minuten backen. Nach der Hälfte der Backzeit das Brot aus dem Topf nehmen und freischwebend fertigbacken. Gut auskühlen lassen.

Brot mit einer Gare

Experiment

Sauerteig	K
Anstellgut	80 g
Roggenvollkornmehl	160 g
Wasser	160 ml
Hauptteig	
Sauerteig	
Roggenmehl Type 960	180 g
Wasser	130 ml
Salz	8 g

Kleines Brot (K)
Simperl Ø 16 cm | Topf Ø 16–17 cm

	Meine Arbeitsschritte		**„Brotbackteam" bei der Arbeit**	
Sauerteig	mischen & verrühren	ca. 1–2 Min.	aufgehen lassen	ca. 8–12 h
Hauptteig	verrühren & formen	ca. 3–6 Min.	aufgehen lassen	ca. 2 h
Backen	ab in den Ofen	ca. 1–2 Min.	backen	ca. 50 Min.
Gesamtzeit		**ca. 5–10 Min.**		**ca. 10–14 h**

Brot mit zwei Garen

Brot mit zwei Garen

Sauerteig
Anstellgut mit Wasser und Mehl gut verrühren, bis keine Mehlreste mehr sichtbar sind, und abgedeckt bei Zimmertemperatur gehen lassen (ca. 8–12 h).

Hauptteig
Stockgare **(1)** Sämtliche Zutaten des Hauptteigs vermengen, mit der Gabel verrühren und zur ersten Gare ins Warme stellen (ca. 1 h).

Stückgare **(2)** Nachdem der Teig aufgegangen ist, den Teig auf eine gut bemehlte Arbeitsfläche geben **(3)** und mit den eingemehlten Händen schonend formen, **(4)** in ein gut bemehltes Simperl geben und aufgehen lassen (ca. 1–2 h).

Backen
Den Backofen und den Topf mit Deckel vorheizen. Den Teig direkt aus dem Simperl in den heißen Topf stürzen und zugedeckt bei 240 Grad Ober- und Unterhitze ca. 50 Minuten backen. Nach der Hälfte der Backzeit das Brot aus dem Topf nehmen und freischwebend fertigbacken. Gut auskühlen lassen.

	Meine Arbeitsschritte		„Brotbackteam" bei der Arbeit	
Sauerteig	mischen & verrühren	ca. 1–2 Min.	aufgehen lassen	ca. 8–12 h
Hauptteig:				
Stockgare	verrühren	ca. 2 Min.	aufgehen lassen	ca. 1 h
Stückgare	formen & ins Simperl	ca. 2 Min.	aufgehen lassen	ca. 1–2 h
Backen	ab in den Ofen	ca. 1 Min.	backen	ca. 50 Min.
Gesamtzeit		**ca. 5–8 Min.**		**ca. 11–14 h**

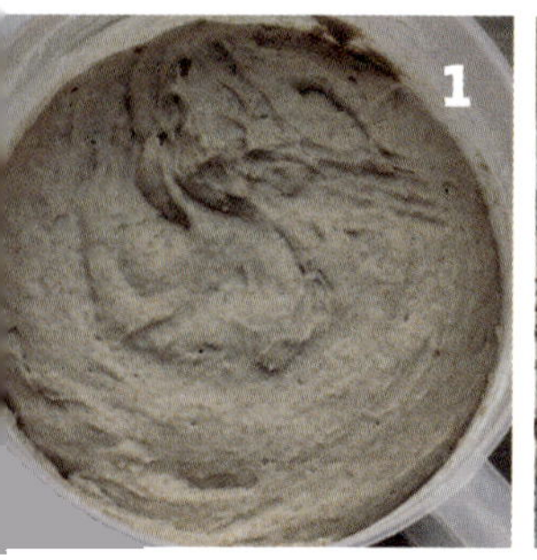
1

2

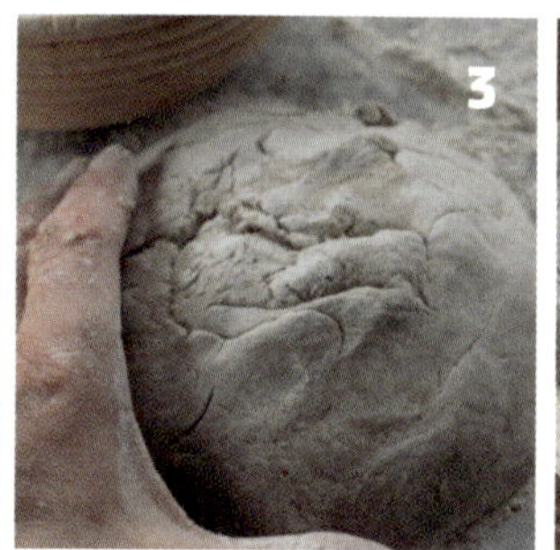
3

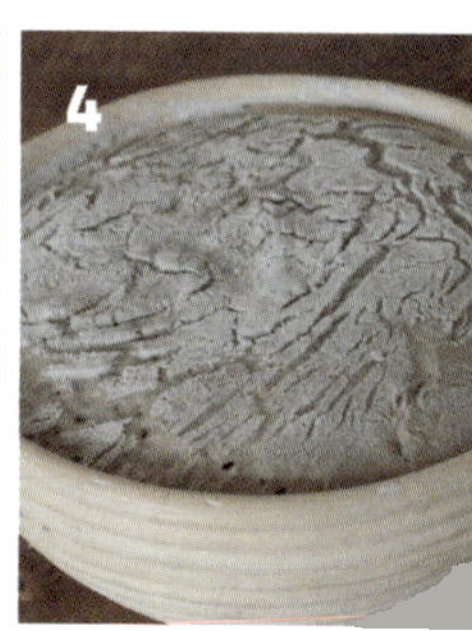
4

Ergebnis: Der Unterschied zwischen Broten mit einer oder zwei Garen, so zeigten unzählige Experimente mit anschließenden Verkostungen, ist kaum herauszufiltern. Beide gehen so gut wie gleich auf, verfügen über eine sehr ähnliche Krumenstruktur und auch im Geschmack ließ sich kein Unterschied feststellen. Beide Brote schmecken würzig, leicht säuerlich und hocharomatisch.

Brot mit und ohne Dehnen und Falten als Zwischenschritte

Aus der Praxis

Bei Weizensorten ist es üblich, den Teig nach dem Kneten und der ersten Gare in Abständen von circa 30 Minuten über einen Zeitraum von etwa 2–3 Stunden zu dehnen und zu falten, bevor er zur letzten Gare wieder ins Warme gestellt wird. Beim Dehnen und Falten wird der Teig entweder mit der Teigkarte oder mit nassen Händen in der Schüssel vom Rand her aufgezogen und übereinandergeschlagen. Das ist nicht nur ein zeitlicher Aufwand, sondern auch ein „zwischenzeitlicher", da man für die Zwischenschritte der Teigbearbeitung immer in der Nähe sein muss. Anfangs hielt ich mich bei Weizenbroten an dieses Verfahren. Da sich aber aus meiner Sicht Brotbacken den alltäglichen Gegebenheiten anpassen sollte, beschloss ich, diese Schritte wegzulassen, um zu sehen, wie sich das auf die Qualität des Brotes auswirkt.

Theoretische Hintergründe

Das Glutennetzwerk wird durch den Vorgang des Dehnens und Faltens stabilisiert, nachdem es durch das Kneten aufgebaut wurde. Knetet man einen Weizenteig, so kann man ihn nach ein, zwei Minuten bereits etwas auseinanderziehen und er findet von selbst in seine Ursprungsform zurück. Diese Eigenschaft wird durch das Dehnen und Falten weiter verstärkt. Durch den wiederholten Vorgang des Dehnens und Faltens in zeitlichen Abständen während der nächsten 2–3 Stunden soll der Teig einerseits ein besseres Gashaltevermögen entwickeln und andererseits ein größeres Volumen erreichen. Feste Teige kann man leicht auf der Arbeitsfläche zwischendurch dehnen und falten, während man weiche Teige leichter in einer Schüssel bearbeiten kann. Dazu wird der Teigling in der Schüssel mit nassen Händen oder einer Teigkarte aufgezogen und wieder zusammengefaltet.

Brot mit Dehnen und Falten

Brot ohne Dehnen und Falten

Helles Einkorn-Dinkelbrot aus dem Topf – mit und ohne Dehnen und Falten

Sauerteig	**K**
Anstellgut	80 g
Dinkelmehl Type 700	140 g
Wasser	140 ml
Hauptteig	
Sauerteig	
Dinkelmehl Type 700	240 g
Wasser	110 ml
Salz	8 g

Kleines Brot (K)
Simperl Ø 16 cm | Topf Ø 16–17 cm

	Meine Arbeitsschritte		„Brotbackteam" bei der Arbeit	
	Dinkelbrot mit einfacher Methode			
Sauerteig	mischen & verrühren	ca. 1–2 Min.	aufgehen lassen	ca. 8–12 h
Hauptteig	verrühren & formen	ca. 3–6 Min.	aufgehen lassen	ca. 2 h
Backen	ab in den Ofen	ca. 1–2 Min.	backen	ca. 50 Min.
Gesamtzeit		**ca. 5–10 Min.**		**ca. 9–14 h**

Dinkelbrot mit Dehnen und Falten

Bei dieser Methode kann man die eigene Gesamtarbeitszeit schwer angeben, da man durch die verschiedenen Garen und den in 30-Minuten-Abständen erforderlichen Tätigkeiten eigentlich fast durchgehend mit dem Teig beschäftigt ist.

Sauerteig	mischen & verrühren	ca. 1–2 Min.	aufgehen lassen	ca. 8–12 h
Hauptteig				
Stockgare	verrühren	ca. 2 Min.	aufgehen lassen	ca. 1 h
Dehnen & falten	4 x falten, alle 30 Min.	ca. 5 Min.	aufgehen lassen	ca. 2–3 h
Stückgare	formen & ins Simperl	ca. 2 Min.	aufgehen lassen	ca. 1–2 h
Backen	ab in den Ofen	ca. 1–2 Min.	backen	ca. 50 Min.
Gesamtzeit		**ca. 11–13 Min.**		**ca. 12–18 h**

Dinkelbrot mit einfacher Methode

Sauerteig
Anstellgut mit Wasser und Mehl gut verrühren, bis keine Mehlreste mehr sichtbar sind, und abgedeckt bei Zimmertemperatur gehen lassen (ca. 8–12 h).

Hauptteig
Sämtliche Zutaten vermengen, mit der Gabel gut verrühren und sofort weiterverarbeiten. Den Teig aus der Schüssel nehmen und auf eine bemehlte Arbeitsfläche stülpen, rundwirken und in ein gut bemehltes Brotsimperl geben. Anschließend bei Zimmertemperatur aufgehen lassen (ca. 2 h).

Backen
Den Backofen und den Topf mit Deckel vorheizen. Den Teig direkt aus dem Simperl in den heißen Topf stürzen, mit einer Sprühflasche gut mit Wasser befeuchten und mit Saaten nach Wahl bestreuen. Zugedeckt bei 240 Grad Ober- und Unterhitze ca. 50 Minuten backen. Nach der Hälfte der Backzeit das Brot aus dem Topf nehmen und freischwebend fertigbacken. Gut auskühlen lassen.

Dinkelbrot mit Dehnen und Falten

Sauerteig
(1) Anstellgut mit Wasser und Mehl gut verrühren, bis keine Mehlreste mehr sichtbar sind, und abgedeckt bei Zimmertemperatur gehen lassen (ca. 8–12 h).

Hauptteig
Stockgare: **(2)** Am nächsten Tag alle Zutaten mit der Gabel gut miteinander verrühren **(3)** und ca. eine Stunde gehen lassen.
Dehnen und falten: **(4)** Den Teig in den nächsten 2–3 Stunden alle 30 Minuten dehnen und falten (jeweils ca. 30 Sek.).
Zwischengare: **(5)** Nach dem letzten Mal dehnen und falten den Teig gut 30 Minuten rasten lassen.
Stückgare: **(6)** Nun den Teig aus der Schüssel nehmen und auf eine bemehlte Arbeitsfläche stülpen, **(7)** rundwirken und in ein gut bemehltes Brotsimperl geben. **(8)** Anschließend bei Zimmertemperatur aufgehen lassen (ca. 1–2 h).

Backen
Den Backofen und den Topf mit Deckel vorheizen. Den Teig direkt aus dem Simperl in den heißen Topf stürzen, mit einer Sprühflasche gut mit Wasser befeuchten und mit Saaten nach Wahl bestreuen. Zugedeckt bei 240 Grad Ober- und Unterhitze ca. 50 Minuten backen. Nach der Hälfte der Backzeit das Brot aus dem Topf nehmen und freischwebend fertigbacken. Gut auskühlen lassen.

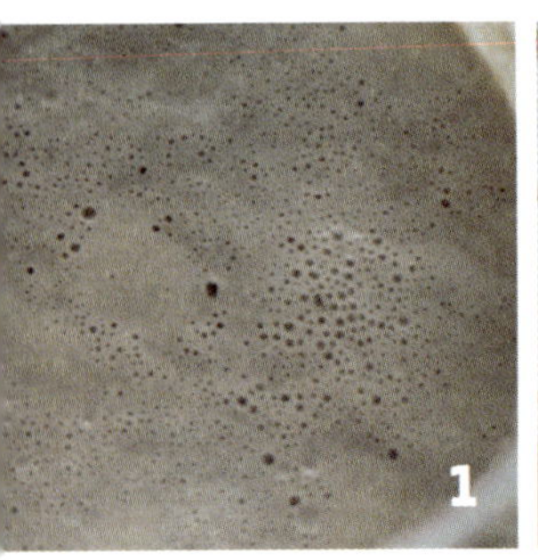
1

2

3

4

(9–12) Auf der linken Seite ist jeweils das Dinkelbrot mit der einfachen Methode zu sehen. Rechts ist das Brot abgebildet, dessen Teig in mehreren Garstufen gedehnt und gefaltet wurde. Beide Brote sind im Simperl ähnlich aufgegangen.

Ergebnis: Das ist wirklich überraschend. Ich habe alle Experimente aus diesem Buch bereits viele Male durchgeführt und in der Regel ist zwischen den beiden jeweiligen Methoden im Ergebnis kaum ein Unterschied festzustellen. In diesem Fall schmeckt das Brot mit der einfachen Variante jedoch um einiges besser, da es viel fluffiger ist. Das liegt vermutlich daran, dass das einfache Brot wirklich Zeit zum Gehen hatte, da es über zwei Stunden durchgehend im Simperl verbracht hat, wodurch sich die Teigstruktur wunderbar im Verborgenen, ohne mein Zutun, aufbauen und entfalten konnte.

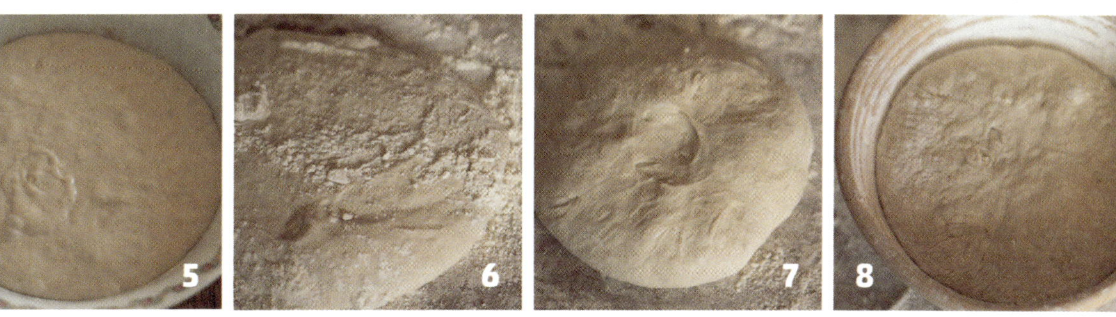

Unterschiedliche Gehzeiten beim Sauerteig

Aus der Praxis

Auch bei den Gehzeiten habe ich mich lange genau an Vorgaben gehalten. Dadurch war das Brotbacken jedoch kaum in meinen Alltag zu integrieren. Ich war gezwungen, es umzudrehen: Das Brotbacken musste sich meinem Alltag anpassen. Man kann je nach Bedarf einen Sauerteig nur vier Stunden gehen lassen oder aber auch zwölf, wie das folgende Experiment zeigt. Ich habe für die Teige abgesehen von den Gehzeiten die gleichen Rahmenbedingungen wie die Menge des Anstellguts, die Teigfestigkeit und die Außentemperatur verwendet, um die Toleranzgrenze genau zu erfassen. Man sollte darauf achten, dass der Teig bei circa 28 Grad aufgeht, ansonsten reift er nicht innerhalb von vier Stunden.

Im Kapitel „Flexibles Brotbacken“ (siehe S. 61) wird genauer darauf eingegangen, wie sich die Gehzeiten den individuellen zeitlichen Bedürfnissen anpassen lassen.

Brot mit 4 Stunden Gehzeit

Theoretische Hintergründe

Wenn der Sauerteig steht, dann ist das im engen Sinn keine Ruhezeit, sondern Arbeit: Er verstoffwechselt Nahrung. Die Mikroorganismen im Sauerteig benötigen als Nahrung den im Mehl enthaltenen Zucker. Der Zucker wird mit der Hilfe von Enzymen aufgespalten und dabei entstehen Produkte wie Alkohol, Essigsäure und Kohlendioxid. Im Kapitel „Der Sauerteig: ein Ökosystem" wird genauer auf diesen Prozess eingegangen (siehe S. 157). Für die Praxis ist es wesentlich, dass der Teig einzufallen beginnt, wenn er die Nährstoffe verbraucht hat. Er gilt dann als „abgefressen". Allerdings ist die Toleranzspanne bei Sauerteig sehr groß, wie viele Experimente zeigen. Selbst wenn ein Teig schon sehr eingefallen ist, kann man ihn leicht wieder neu anfüttern, und im Ergebnis ist letztlich kaum ein Unterschied festzustellen.

Brot mit 12 Stunden Gehzeit

Roggensauerteigbrot aus dem Topf – nach vier und zwölf Stunden Gehzeit

Sauerteig
Anstellgut mit Wasser und Mehl gut verrühren, bis keine Mehlreste mehr sichtbar sind, und abgedeckt bei Zimmertemperatur gehen lassen (4 bzw. 12 h).

Hauptteig
Sämtliche Zutaten vermengen, mit der Gabel gut verrühren und sofort weiterverarbeiten. Den Teig auf eine bemehlte Arbeitsfläche geben, kurz mit den eingemehlten Händen schonend zu einer Scheibe formen, in ein gut bemehltes Simperl geben und erneut aufgehen lassen (ca. 60–90 Min.).

Backen
Den Backofen und den Topf mit Deckel vorheizen. Den Teig direkt aus dem Simperl in den heißen Topf stürzen und zugedeckt bei 240 Grad Ober- und Unterhitze ca. 60 Minuten backen. Nach der Hälfte der Backzeit das Brot aus dem Topf nehmen und freischwebend fertigbacken. Gut auskühlen lassen.

Eine praktisch-bildliche Veranschaulichung

Links Sauerteig nach zwölf Stunden | **Rechts Sauerteig nach vier Stunden**

1

2

3

Experiment

Sauerteig	G
Anstellgut	100 g
Waldstaudenroggenvollkornmehl	250 g
Wasser	280 ml
Hauptteig	
Sauerteig	
Waldstaudenroggenvollkornmehl	120 g
Roggenmehl Type 960	120 g
Wasser	170 ml
Salz	12 g

Großes Brot (G)
Simperl Ø 18 cm | Topf Ø 20–21 cm

	Meine Arbeitsschritte		**„Brotbackteam" bei der Arbeit**	
Sauerteig	mischen & verrühren	ca. 1–2 Min.	aufgehen lassen	4 bzw. 12 h
Hauptteig	verrühren & ins Simperl legen	ca. 3–6 Min.	aufgehen lassen	ca. 60–90 Min.
Backen	ab in den Ofen	ca. 1–2 Min.	backen	ca. 60 Min.
Gesamtzeit		**ca. 5–10 Min.**		**ca. 5 bzw. 14 h**

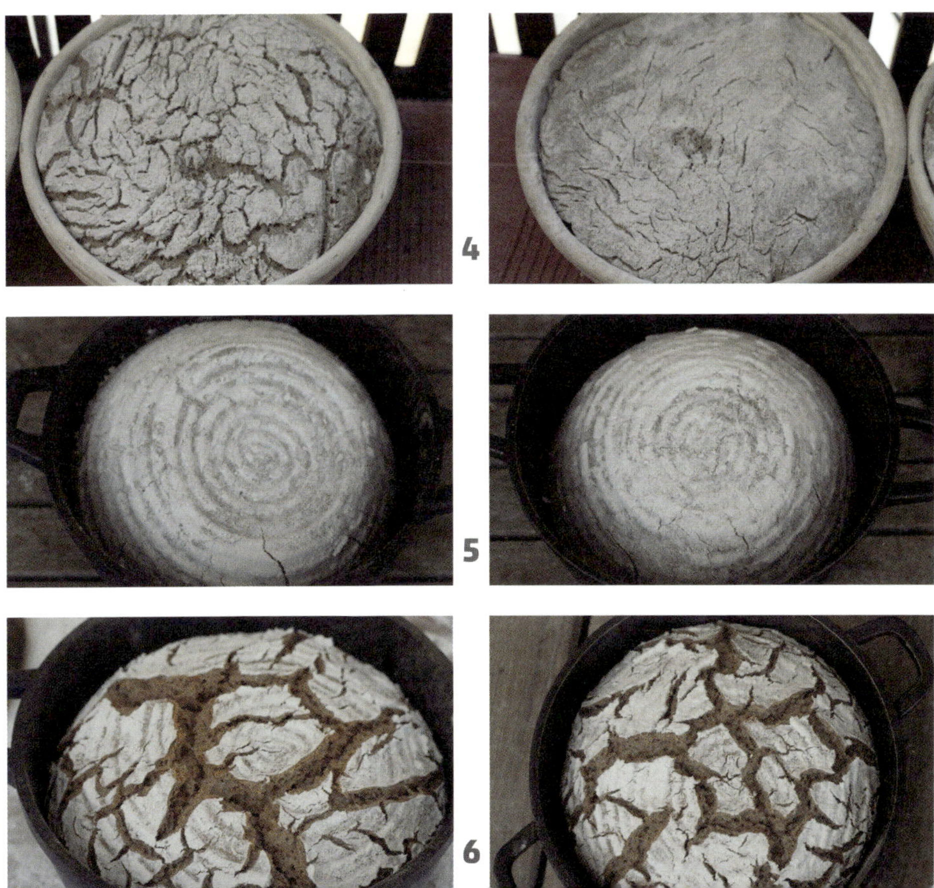

4

5

6

Ergebnis: Was mich an diesem Experiment erstaunte, war, dass der Zwölf-Stunden-Sauerteig im Simperl etwas schneller aufgegangen ist – was an der Teigoberfläche auf dem linken Bild Nr. 4 (siehe vorherige Seite) deutlich zu erkennen ist – als der Sauerteig, der nur vier Stunden Zeit zum Reifen hatte. Wie auf den Bildern in der linken Spalte der vorhergehenden Seiten zu sehen ist, ist er aufgrund der hohen Temperatur schon etwas eingefallen, während der andere nach vier Stunden noch beim Aufgehen war. Beim fertigen Brot selbst war dann bei Krume, Kruste und Volumen kein Unterschied feststellbar. Geschmacklich gab es aber sehr wohl einen Unterschied: Das Sauerteigbrot mit der langen Gare schmeckte mehr nach Sauerteig, also etwas säuerlicher und würziger, während das zweite viel milder schmeckte.

Wie viel Temperaturschwankung verträgt ein Sauerteigbrot?

Aus der Praxis

Seit Jahrtausenden wird Sauerteigbrot gebacken, sowohl im heißen Ägypten als auch im kühlen Norden. Nicht selten habe ich schon gehört: „Bei mir wird der Sauerteig nichts, weil es zu kalt ist." Wenn es wirklich zu kalt ist, kann man sich mit einer Wärmflasche behelfen. Aber sonst zeigt sich auch in diesem Punkt, dass Temperaturunterschiede von einem aktiven Anstellgut wieder ausgeglichen werden. Natürlich: Ist es zu kalt, stellt sich der Stoffwechsel ein, ist es zu heiß, dann sterben die Mikroorganismen ab. Ein angenehmes und produktives Arbeitsklima für die Mikroorganismen im Sauerteig ist unsere durchschnittliche Zimmertemperatur, aber auch diese ist sehr variabel. Tatsache ist, dass ich einfach keine Idealbedingungen bieten kann. Egal, ob bei sommerlichen Temperaturen oder im Winter, der Sauerteig arbeitet immer. In kühlen Umgebungen braucht er lediglich mehr Zeit.

Theoretische Hintergründe

Sauerteigbrote, so hört man oft, brauchen konstante, exakte Temperaturen, die zwischen 30 und 35 Grad liegen sollten. Nimmt man es genau, so wird bei einer Dreistufenführung für jede Stufe eine bestimmte Idealtemperatur angegeben. Über die Zeit und die Temperaturen wird unter anderem der Geschmack eines Sauerteigbrots gesteuert. Die exakten Zeiten und Temperaturangaben einer Dreistufenführung werden im entsprechenden Experiment auf Seite 202 genauer dargestellt.

Allerdings ist zu beachten: Wird der Sauerteig bei niedrigen Temperaturen zur Reife gebracht, so nimmt das mehr Zeit in Anspruch und der Geschmack wird säuerlicher, da sich bei Wärme die milden Milchsäurebakterien und bei Kälte die essigsäureproduzierenden Milchsäurebakterien stärker vermehren. Fällt die Temperatur unter 20 Grad, so dauert es um einiges länger als in der Sonne bei über 30 Grad. Aber Vorsicht: In der prallen Sonne geht der Teig zwar schnell auf, aber es kann ihm auch zu warm werden und er sackt schnell zusammen.

Da man kaum in der Lage ist, Idealtemperaturen für Sauerteig und Hauptteig konstant einzuhalten, ist es viel einfacher, den Teig zu beobachten und mit den Beobachtungen Erfahrungen zu sammeln, die flexibles Backen ermöglichen.

Dinkel-Kürbis-Kartoffelbrot aus dem Topf – unter Temperaturschwankungen

Bei diesem Teig wurde das Anstellgut spät am Abend aus dem Kühlschrank genommen und ein Sauerteig angesetzt. Nachts kühlte es in der Wohnung – es war Ende Oktober – auf circa 17 Grad ab. Aber damit noch nicht genug: Da es mir zeitlich unmöglich war, das Brot in der Früh zu backen, transportierte ich den Sauerteig gut eine Stunde im Auto nach Maria Anzbach ins Haus. Es hatte draußen 5 Grad, und im Auto wurde es nur langsam warm. Angekommen in einem kalten Haus wurde zuerst der Kachelofen beheizt und erst dann verrührte ich den Hauptteig. Der Sauerteig war durch die Kälte inzwischen völlig zusammengefallen. Der verrührte Hauptteig verbrachte noch knapp zwei Stunden im Simperl auf einem sich langsam erwärmenden Kachelofen, bevor er in den Ofen gesteckt wurde. Der Ofentrieb funktionierte, das Brot ging außergewöhnlich gut auf und schmeckte fantastisch.

Sauerteig
Anstellgut mit Wasser und Mehl gut verrühren, bis keine Mehlreste mehr sichtbar sind, und abgedeckt bei Zimmertemperatur gehen lassen (ca. 8–12 h).

Hauptteig
Kartoffeln und Kürbis schälen, würfelig schneiden, weich kochen und gut auskühlen lassen. **(1, 2)** Am nächsten Tag alle Zutaten mit einer Gabel gut miteinander verrühren, sodass ein zäher Teig entsteht. **(3)** Den Teig auf eine bemehlte Arbeitsfläche geben, **(4)** kurz mit den eingemehlten Händen schonend formen, mit Schluss nach unten in ein gut bemehltes Simperl geben und erneut aufgehen lassen (ca. 2 h).

1

Experiment

Sauerteig	G
Anstellgut	100 g
Kamutvollkornmehl	160 g
Wasser	160 ml
Hauptteig	
Sauerteig	
Dinkelvollkornmehl	150 g
Dinkelmehl Type 700	150 g
Kürbis	100 g
Kartoffeln	100 g
pürierter Kürbis	60 g
Kürbiskerne geschrotet	30 g
Wasser	70 ml
Salz	15 g

Großes Brot (G)
Simperl Ø 18 cm | Topf Ø 20–21 cm

	Meine Arbeitsschritte		„Brotbackteam" bei der Arbeit	
Sauerteig	mischen & verrühren	ca. 1–2 Min.	aufgehen lassen	ca. 8–12 h
Hauptteig	verrühren & ins Simperl legen	ca. 3–6 Min.	aufgehen lassen	ca. 2 h
Backen	ab in den Ofen	ca. 1–2 Min.	backen	ca. 60 Min.
Gesamtzeit		**ca. 5–10 Min.**		**ca. 10–14 h**

Backen

Den Backofen und den Topf mit Deckel vorheizen. **(5)** Den Teig direkt aus dem Simperl in den heißen Topf stürzen und zugedeckt bei 240 Grad Ober- und Unterhitze ca. 60 Minuten backen. **(6)** Nach der Hälfte der Backzeit das Brot aus dem Topf nehmen und freischwebend fertigbacken. Gut auskühlen lassen.

Ergebnis: Auch hier gilt: Das Anstellgut muss besonders fit, frisch gefüttert und aktiv sein, damit es Temperaturschwankungen ausgleichen kann. Meine vielen Versuche bei unterschiedlichen Temperaturen zeigen, dass etwas mehr Gehzeit die Kälte ausgleicht und dass ein Brot bei niedrigeren Temperaturen sogar würziger, säuerlicher und aromatischer schmeckt. Wirklich wichtig ist nur Folgendes: Wenn der Teigling trotz widriger Vorbedingungen, wie einer Nacht im Kalten, für die letzte Gare im Simperl gelandet ist, muss man auf die Teigreife Rücksicht nehmen und zusätzlich auf die gute alte Wärmflasche zurückgreifen. Wenn man jetzt dem Teig zu wenig Zeit lässt und ihn im nicht ganz reifen Zustand in den Ofen schiebt, so wirkt sich das auf die Qualität des Brots aus. Der Ofentrieb ist bei leichter Untergare zwar besonders gut, aber das kann darüber hinwegtäuschen, dass die Krume nicht ganz so fluffig wird. Die Stückgare beim Hauptteig verträgt zwar ebenfalls große Temperaturschwankungen, aber man muss ihr – wenn es zu kalt ist – reichlich Zeit geben.

Die Wärme auf der Fensterbank tut dem Teig sichtlich gut.

Detmolder Dreistufenführung im Vergleich

Aus der Praxis

Früher machte ich die meisten Sauerteigbrote mit mehreren Stufen, bei denen immer wieder Mehl und Wasser verrührt werden. Das Dreistufenverfahren ist ein Klassiker in der Herstellung von Sauerteigbroten. Es ist allerdings viel aufwendiger als meine einfache Backmethode. Daher bin ich irgendwann dazu übergegangen, die einzelnen Schritte wegzulassen und meine Brote mit einer Einstufenführung zu machen, bei der direkt mit dem Anstellgut aus dem Kühlschrank ein Sauerteig angesetzt wird.

Theoretische Hintergründe

Mehrstufenführung heißt im Prinzip nur, dass schrittweise immer wieder Mehl und Wasser zum Teig gegeben werden. Zuerst vermengt man das Anstellgut mit Mehl und Wasser und lässt es eine bestimmte Zeit lang stehen, wodurch man einen „Anfrischsauer" erhält. Der Anfrischsauer wird in einem nächsten Schritt wieder mit Mehl und Wasser vermengt und so zum sogenannten „Grundsauer". Dieser wird nun abermals mit Mehl und Wasser verrührt und man gewinnt schließlich den „Vollsauer". Aus dem Vollsauer wird nun der Hauptteig zubereitet. Dieses Verfahren nennt sich Detmolder Dreistufenführung. Manche Theorien besagen, dass neben ihren geschmacklichen Vorteilen die Dreistufenführung notwendig ist, damit der Teig nicht kippt. Denn „durch die einmalige Zugabe von Mehl und Wasser gelangen sämtliche Fremdkeime auf einmal in den Teig, wodurch die Gefahr besteht, dass er kippt" (Heide Krüger, Backen mit Sauerteig, S. 18). Generell wird empfohlen, einen Einstufensauerteig ausschließlich in Verbindung mit Hefe zu machen (Schünemann, Treu, Creutz, Meißner, Technologie der Backwarenherstellung, S. 153). In einem anderen Lehrbuch heißt es ganz konkret: „Bei allen Einstufenführungen muss zur Teiglockerung Backhefe zugesetzt werden" (Egon Schild, Der junge Bäcker, S. 64). Bei der Einstufenführung mit Hefe wird eine Temperatur zwischen 20 und 28 Grad gewählt. Bei mehr Anstellgut wird eine kühlere Temperatur empfohlen, während bei höheren Temperaturen weniger Anstellgut verwendet werden soll. Bei der Dreistufenführung wird, wie im Folgenden abgebildet, ebenfalls über die Temperatur die Vermehrung der Hefen und Milchsäurebakterien gesteuert. Die unterschiedliche Vermehrung bestimmter Mikroorganismen ist wiederum maßgeblich für den Geschmack. Meine langjährige Erfahrung spricht allerdings eindeutig dagegen, dass bei einer Einstufenführung Hefe zugesetzt werden muss.

Einfache Sauerteigbrotzubereitung aus dem Topf mit Einstufenführung

Sauerteig
Anstellgut mit Wasser und Mehl gut verrühren, bis keine Mehlreste mehr sichtbar sind, und abgedeckt bei Zimmertemperatur gehen lassen (ca. 8–12 h).

Hauptteig
Sämtliche Zutaten vermengen, mit der Gabel gut verrühren und sofort weiterverarbeiten. Den Teig auf eine bemehlte Arbeitsfläche geben, kurz mit den eingemehlten Händen schonend formen, in ein gut bemehltes Simperl geben und erneut aufgehen lassen (ca. 2 h).

Backen
Den Backofen und den Topf mit Deckel vorheizen. Den Teig direkt aus dem Simperl in den heißen Topf stürzen und zugedeckt bei 240 Grad Ober- und Unterhitze ca. 60 Minuten backen. Nach der Hälfte der Backzeit das Brot aus dem Topf nehmen und freischwebend fertigbacken. Gut auskühlen lassen.

Unten links im Bild die Detmolder Dreistufenführung, rechts die Einstufenführung. Beide Brote schmeckten hervorragend. Bei zahlreichen Verkostungen konnte kein wesentlicher Unterschied im Geschmack festgestellt werden.

Brot mit Dreistufenführung

Experiment

Sauerteig	G
Anstellgut	40 g
Roggenvollkornmehl	220 g
Wasser	240 ml
Hauptteig	
Sauerteig	
Roggenvollkornmehl	310 g
Wasser	220 ml
Salz	10 g

Großes Brot (G)
Simperl Ø 18 cm | Topf Ø 20–21 cm

	Meine Arbeitsschritte		**„Brotbackteam" bei der Arbeit**	
Sauerteig	mischen & verrühren	ca. 1–2 Min.	aufgehen lassen	ca. 8–12 h
Hauptteig	verrühren & ins Simperl legen	ca. 3–6 Min.	aufgehen lassen	ca. 2 h
Backen	ab in den Ofen	ca. 1–2 Min.	backen	ca. 60 Min.
Gesamtzeit		**ca. 5–10 Min.**		**ca. 10–14 h**

Brot mit Einstufenführung

Detmolder Sauerteigbrot aus dem Topf mit der Dreistufenführung

Anfrischsauer 20 g Anstellgut 30 g Roggenvollkornmehl 40 ml Wasser Mit der Gabel verrühren.	Gehzeit: 6 Stunden Temperatur: 25–26 Grad
Grundsauer Gesamter Anfrischsauer 70 g Roggenvollkornmehl 70 ml Wasser Mit der Gabel verrühren.	Gehzeit: 8–10 Stunden Temperatur: 24 Grad
Vollsauer Gesamter Grundsauer 120 g Roggenvollkornmehl 140 ml Wasser Mit der Gabel verrühren.	Gehzeit: 3 Stunden Temperatur: 30 Grad
Hauptteig: Stockgare Gesamter Vollsauer 320 g Roggenvollkornmehl 220 ml Wasser 12 g Salz Mit der Gabel verrühren.	Gehzeit: 30 Minuten Temperatur: 20–28 Grad
Hauptteig: Stückgare Der Teig bleibt zwischen Stock- & Stückgare gleich. Für die Stückgare den Teig formen und in einem Simperl nochmals aufgehen lassen.	Gehzeit: 1 Stunde Temperatur: 28–35 Grad
Ab in den Ofen.	Bei 240 Grad Ober- und Unterhitze ca. 60 Min. backen.

Die unterschiedlichen Temperaturen sind Idealangaben: Es reicht für den Hausgebrauch, darauf zu achten, dass Anfrisch- und Grundsauer um die 25 Grad haben, während für die folgenden Garen zwischen 25 und 30 Grad optimal sind. Man kann dies leicht erreichen, wenn man die Teiglinge auf eine Wärmflasche stellt und gut abdeckt. Dies führt ziemlich genau zu 30 Grad, die anschließend leicht abfallen, was keineswegs etwas macht!

Sauerteig

Die Zutaten für den Anfrischsauer mit einer Gabel verrühren, sodass eine breiartige Masse entsteht, und sechs Stunden abgedeckt gehen lassen. Den gesamten Anfrischsauer mit dem Grundsauer verrühren und diesmal für 8–10 Stunden abgedeckt stehen lassen. Nun den Vollsauer nach demselben Prinzip verrühren und gut drei Stunden gehen lassen.

Hauptteig

(1) Sämtliche Zutaten des Hauptteigs vermengen, mit der Gabel verrühren und eine halbe bis Dreiviertelstunde für die Stockgare aufgehen lassen. **(2)** Dann den Teig auf eine bemehlte Arbeitsfläche geben **(3)** und mit den eingemehlten Händen schonend formen, **(4)** in ein gut bemehltes Simperl geben **(5)** und wieder eine Stunde aufgehen lassen (= Stückgare).

Backen

Den Backofen und den Topf mit Deckel vorheizen. **(6)** Den Teig direkt aus dem Simperl in den heißen Topf stürzen und zugedeckt bei 240 Grad Ober- und Unterhitze ca. 60 Minuten backen. **(7)** Nach der Hälfte der Backzeit das Brot aus dem Topf nehmen und freischwebend fertigbacken. Gut auskühlen lassen.

Glossar

Anstellgut
Im Kühlschrank aufbewahrter Starter, der für einen neuen Sauerteig verwendet wird. Ein aktives und gut gefüttertes Anstellgut ist das Um und Auf für ein gelingendes Sauerteigbrot.

Auszugsmehl
Mehle mit unterschiedlich niedrigem Ausmahlungsgrad, die im Gegensatz zum Vollkornmehl nur einen Auszug des vollen Korns enthalten.

Freischwebend backen
Freischwebend backen heißt, dass Brote circa nach der halben Backzeit aus der Form genommen und im Ofen auf einem Backblech oder Pizzastein fertiggebacken werden.

Gare
Der Reifeprozess zwischen der Teigzubereitung und dem Backen. Im Wesentlichen wird zwischen Stock- und Stückgare unterschieden.

Krume
Bezeichnet das Weiche des Brotinneren im Gegensatz zur Kruste. Die Beschaffenheit der Krume, etwa die Größe der Löcher, wird durch Rezeptur und Teigführung beeinflusst.

Ofentrieb
Der Ofentrieb meint das nochmalige Aufgehen des Teigs im vorgeheizten Ofen. Die Stärke des Ofentriebs hängt im Wesentlichen von der Anbacktemperatur, dem Reifegrad des Teigs und der Bedampfung ab.

Quellstück
Bei Quellstücken werden Saaten oder grob gemahlenes Getreide in Wasser angesetzt, damit sie sich mit Flüssigkeit ansaugen, welche sie später dem Brot wieder abgeben.

Rundwirken
Einfache handwerkliche Technik, um ein ungeformtes Teigstück zu einem runden Ballen mit glatter Oberfläche zu formen. Rundwirken strukturiert einerseits die Porung und sorgt andererseits dafür, dass der Teig nicht an einer ungewollten Stelle, sondern am „Schluss", an der Nahtstelle, aufreißt.

Schluss
Ein durch das Rundwirken geformter Teigling hat eine glatte Oberfläche und eine Unterseite, an der sich eine Nahtstelle, der sogenannte Schluss, befindet, an der der Teig beim Backen aufreißt. Ist der Schluss im Simperl unten, kommt das Brot durch das Stülpen mit Schluss nach oben in den heißen Topf.

Schwaden
Beim Schwaden wird zu Beginn des Backprozesses etwas Wasser direkt in den Ofen oder in eine feuerfeste Form gegeben, da sich durch den so entstehenden Dampf der Ofentrieb verbessert und sich der Teig besser ausdehnen kann. Zudem wirkt sich das Schwaden auf die Krustenbildung aus. Nach etwa zehn Minuten wird der Restdampf durch ein kurzes Öffnen der Ofentür abgelassen. Diese Technik ist nur bei Kastenbroten zu empfehlen.

Simperl oder Gärkorb
Spezielle Körbchen, die den Teig während des Gehens stabilisieren und den Broten eine typische Form verleihen. Meist sind die Gärkörbe aus Peddigrohr.

Stockgare
Die Stockgare ist die erste Gare nach dem Kneten. Dementsprechend wird sie auch als erste Gare bezeichnet.

Stückgare

Die Stückgare ist die letzte Gare vor dem Backen, sie wird auch Endgare oder zweite Gare bezeichnet.

Teigausbeute

Die Teigausbeute, kurz TA, gibt das Verhältnis von Mehl zu Flüssigkeit an. Je höher die Teigausbeute, desto weicher ist der Teig. Bei 100 g Mehl und 80 ml Flüssigkeit ergibt sich eine Teigausbeute von 180 und ein relativ weicher Teig, wohingegen 100 g Mehl auf 60 ml Flüssigkeit zu einem festeren Teig führen.

Verwendete Literatur

Brandt, Markus J.: Sauerteig. Informationen aus dem Wissensforum Backwaren. Wissensforum Backwaren: Berlin–Wien.

Krüger, Heidi: In der Ruhe liegt die Kraft – Backen mit Sauerteig – 100 Originalrezepte für Brot, Brötchen und süßes Gebäck. HZOP Verlagshaus 2021.

Schild, Egon u. Schild, Brigitte: Der junge Bäcker. Band 1. Pfanneberg: Haan-Gruiten, 1989.

Schünemann, Claus / Treu, Günter / Creutz, Stefan u. Meißner, Michael: Technologie der Backwarenherstellung: fachkundliches Lehrbuch für Bäcker und Bäckerinnen. Pfanneberg: Haan-Gruiten, 2016.

Die Versäuerung von Roggenmehl. Heft 2. Backforum Bingen. Online abrufbar unter: http://www.meistermarken-ulmerspatz.de/downloads/bbz/Veraeuerung_Roggenmehl.pdf [Stand 07.10.2021]

Studie der Universität Hohenheim: Der Anteil an belastenden FODMAP-Zuckerstoffen ist keine Frage der verarbeiteten Getreidesorte, sondern der Teigführung. Online abrufbar unter: http://www.baecker-hunn.de/downloads/studie_der_universitaet_hohenheim.pdf [Stand 07.10.2021]

Danksagung

In diesem Buch steckt jahrelange Arbeit: Backen und wieder backen, experimentieren ohne Ende, selbst verkosten und andere verköstigen inklusive meiner ständigen, teils schon nervigen Fragen wie „Welches Brot schmeckt besser?“. Natürlich exzessives Fotografieren und aus den unzähligen Fotos wieder und wieder eine Auswahl treffen. Texte zusammenstellen, oft korrigieren und noch vieles mehr. Das alles braucht Freunde und leidenschaftliche Hobbybäcker, die bei all dem mithelfen.

Zuallererst möchte ich meiner Lebensgefährtin Gabi danken, die mich und meine Leidenschaft zum Backen aushält und die mehlige Unordnung, die bei meiner Art des Backens eine Begleiterscheinung ist, toleriert. Darüber hinaus musste sie als Biologin immer wieder Fragen über Mikroorganismen beantworten. Ebenso danke ich den zahlreichen Freunden und Bekannten, die einerseits durch meine Leidenschaft zum Brotbacken gefunden haben und mich andererseits bei der Auswahl der Fotos und der Gestaltung der Texte tatkräftigst und mit Geduld unterstützt haben. Danke auch an die vielen Rückmeldungen zu meinen Broten, die mich jedes Mal aufs Neue erfreuen. Ebenso wäre das Buch nicht ohne den Verlag und seinen Einsatz entstanden. Ein Dank an das Verlagsteam, das mit Begeisterung und zahlreichen Verbesserungsvorschlägen und Ideen am Gelingen mitwirkte.

Biografie

Rudolf Kallinger ist Psychotherapeut, Philosoph, einstmals Automechaniker, Kräuterpädagoge, Naturliebhaber, lebt und arbeitet in Wien und Maria Anzbach. Neben seinem Vollzeitjob vertieft er sich in das Herstellen von Lebensmitteln, das u. a. zur Entwicklung einer eigenen Herstellungsmethode von Sauerteigbroten führte. In Maria Anzbach gibt er Brotbackkurse.

Impressum

Bibliografische Information der Deutschen Nationalbibliothek
Die Deutsche Nationalbibliothek verzeichnet diese Publikation in der Deutschen Nationalbibliografie; detaillierte bibliografische Daten sind im Internet über http://dnb.d-nb.de abrufbar.

1. Auflage 2021

Servitengasse 5, A-1090 Wien
www.braumueller.at

Druck und Bindung: EuroPB, Dělostřelecká 344, CZ 261 01 Příbram
ISBN 978-3-99100-338-0